华中科技大学社会学文库

青年学者系列

美国华裔老年人的虐待与忽视

ELDER ABUSE AND NEGLECT AMONG CHINESE AMERICAN OLDER ADULTS

高 翔 著

社会科学文献出版社
SOCIAL SCIENCES ACADEMIC PRESS (CHINA)

感谢我的博士论文指导委员会主席孙飞教授，以及 Flavio Marsiglia 教授、Robin Bonifas 教授对本书的指导。感谢我的父母与丈夫对我的关爱和鼓励。感谢我的学生欧阳子烨在本书翻译上的贡献。

华中科技大学社会学文库总序

在中国恢复、重建社会学学科的历程中，华中科技大学是最早参与的高校之一，也是当年的理工科高校中唯一参与恢复、重建社会学的高校。如今，华中科技大学（原为华中工学院，曾更名为华中理工大学，现为华中科技大学）社会学学科已逐步走向成熟，走在中国高校社会学院系发展的前列。

30 多年前，能在一个理工科的高校建立社会学学科，源于教育学家、华中工学院老院长朱九思先生的远见卓识。

20 世纪八九十年代是华中科技大学社会学学科的初建时期。1980 年，在费孝通先生的领导下，中国社会学研究会在北京举办第一届社会学讲习班，朱九思院长决定选派余荣珮、刘洪安等 10 位同志去北京参加讲习班学习，并接见这 10 位同志，明确学校将建立社会学学科，勉励大家在讲习班好好学习，回来后担起建立社会学学科的重任。这是华中科技大学恢复、重建社会学的开端。这一年，在老前辈社会学者刘绪贻先生、艾玮生先生的指导和领导下，在朱九思院长的大力支持下，湖北省社会学会成立。余荣珮带领华中工学院的教师参与了湖北省社会学会的筹备工作，参加了湖北地区社会学界的许多会议和活动。华中工学院是湖北省社会学会的重要成员单位。

参加北京社会学讲习班的 10 位同志学习结束之后，朱九思院长听取了他们汇报学习情况，对开展社会学学科建设工作做出了重要指示。1981 年，华中工学院成立了社会学研究室，归属当时的马列课部。我大学毕业后分配到华中工学院，1982 年元旦之后我去学校报到，被分配到社会学研究室。1983 年，在朱九思院长的支持下，在王康先生的筹划下，学校决定在社会学研究室的基础上成立社会学研究所，聘请王康先生为所长、刘中庸任副所长。1985 年，华中工学院决定在社会学研究所的基础上成立社会学系，聘请王康先生为系主任、刘中庸任副系主任；并在当年招收第一届社会学专业硕士研究生，同时招收了专科学生。1986 年，华中工学院经申报获社会学硕士学位授予权，成为最早拥有社会学学科硕士点的十个高校之一。1988 年，华中理工大学获教育部批准招收社会学专业本科生，当年招收了第一届社会学专业本科生。至此，社会学有了基本的人才培养体系，有规模的科学研究也开展起来。1997 年，华中理工大学成立了社会调查研究中心；同年，社会学系成为独立的系（即学校二级单位）建制；2016 年 5 月，社会学系更名为社会学院。

在 20 世纪的 20 年里，华中科技大学不仅确立了社会学学科的地位，而且为中国社会学学科的恢复、重建做出了重要的贡献。1981 年，朱九思先生批准和筹备了两件事：一是在学校举办全国社会学讲习班；二是由学校承办中国社会学会成立大会。

由朱九思先生、王康先生亲自领导和组织，中国社会学研究会、华中工学院、湖北社会学会联合举办的全国社会学高级讲习班在 1982 年 3 月 15 日开学（讲习班至 6 月 15 日结束），上课地点是华中工学院西五楼一层的阶梯教室，授课专家有林南先生、刘融先生等 6 位美籍华裔教授，还有丁克全先生等，学员是来自全国十几个省、市、自治区的 131 人。数年间，这些学员中的许多人成为各省、市社科院社会学研究所、高校社会学系的负责人和学术骨干，有些还成为国内外的知名学者。在讲习班结束之后，华中工学院社会学研究室的教师依据授课专家提供的大纲和学员的笔记，整理、印刷了讲习班的全套讲义，共7本、近200万字，并寄至每一位讲习班的学员手中。在社会学恢复、重建的初期，社会学的资料极端匮乏，这套讲义是国内最早印刷的社会学资料之一，更是内容最丰富、印刷量最大的社会学资料。之后，由朱九思院长批准，华中工学院出版社（以书代刊）出版了两期《社会学研究资料》，这也是中国社会学最早的正式出版物之一。

1982年4月，中国社会学会成立暨第一届全国学术年会在华中工学院召开，开幕式在学校西边运动场举行。费孝通先生、雷洁琼先生亲临会议，来自全国的近200位学者出席会议，其中主要是中国社会学研究会的老一辈学者、各高校社会学专业负责人、各省社科院负责人、各省社会学会筹备负责人，全国社会学高级讲习班的全体学员列席了会议。会议期间，费孝通先生到高级讲习班为学员授课。

1999年，华中理工大学承办了中国社会学恢复、重建20周年纪念暨1999年学术年会，全国各高校社会学系的负责人、各省社科院社会学所的负责人、各省社会学会的负责人大多参加了会议，特别是20年前参与社会学恢复、重建的许多前辈参加了会议，到会学者近200人。会议期间，周济校长在学校招待所二号楼会见了王康先生，对王康先生应朱九思老院长之邀请来校兼职、数年领导学校社会学学科建设表示感谢。

21世纪以来，华中科技大学社会学学科进入了更为快速发展的时期。2000年，增设了社会工作本科专业并招生；2001年，获社会保障硕士点授予权并招生；2002年，成立社会保障研究所、人口研究所；2003 年，建立应用心理学二级学科硕士点并招生；2005 年，成立华中科技大学乡村治理研究中心；2006 年，获社会学一级学科硕士点授予权、社会学二级学科博士点授予权、社会保障二级学科博士点授予权；2008 年，社会学学科成为湖北省重点学科；2009 年，获社会工作专业硕士点授予权；2010 年，招收第一届社会工作专业硕士学生；2011 年，获社会学一级学科博士点授予权；2013 年，获民政部批准为国家社会工作专业人才培训基地；2014 年，成立城乡文化研究中心。教师队伍由保持多年的十几人逐渐增加，至今专任教师已有 30 多人。

华中科技大学社会学学科的发展，历经了两三代人的努力奋斗，先后曾经在社会学室、所、系工作的同志近 60 位，老一辈的有刘中庸教授、余荣珮教授，次年长的有张碧辉教授、郭碧坚教授、王平教授，还有李少文、李振文、孟二玲、童铁山、吴中宇、陈恢忠、雷洪、范洪、朱玲怡等，他们是华中科技大学社会学学科的创建者、引路人，是华中科技大学社会学的重大贡献者。我们没有忘记曾在社会学系工作、后调离的一些教师，有徐玮、黎民、王传友、朱新称、刘欣、赵孟营、风笑天、周长城、陈志霞等，他们在社会学系工作期间，都为社会学学科发展做出了贡献。

华中科技大学社会学学科的发展，也有其所培养的学生们的贡献。在 2005 年社会学博士点的申报表中，有一栏要填写 20 项在校学生（第一作者）发表的代表性成果，当年填在此栏的 20 篇已发表论文，不仅全部都是现在的 CSSCI 期刊源的论文，还有 4 篇被《新华文摘》全文转载、7 篇被《人大复印资料》全文转载，更有发表在《中国人口科学》等学界公认的权威期刊上的论文。这个栏目的材料使许多评审专家对我系的学生培养打了满分，为获得博士点授予权做出了直接贡献。

华中科技大学社会学学科发展的30多年，受惠、受恩于全国社会学界的鼎力支持和帮助。费孝通先生、雷洁琼先生亲临学校指导、授课；王康先生亲自领导组建社会学所、社会学系，领导学科建设数年；郑杭生先生、陆学艺先生多次到学校讲学、指导学科建设；美籍华人林南教授等一大批国外学者及宋林飞教授、李强教授等，都曾多次来讲学、访问；还有近百位国内外社会学专家曾来讲学、交流。特别是在华中科技大学社会学学科创建的初期、幼年时期、艰难时期，老一辈社会学家、国内外社会学界的同仁给予了我们学科建设的巨大帮助，华中科技大学的社会学后辈永远心存感谢！永远不会忘怀！

华中科技大学社会学学科在30多年中形成了优良的传统，这个传统的核心是低调奋进、不懈努力，即为了中国的社会学事业，无论条件、环境如何，无论自己的能力如何，都始终孜孜不倦、勇往直前。在一个理工科高校建立社会学学科，其“先天不足”是可想而知的，正是这种优良传统的支撑，使社会学学科逐步走向成熟、逐步壮大。“华中科技大学社会学文库”，包括目前年龄大些的教师对自己以往研究成果的汇集，但更多是教师们近年的研究成果。这套文库的编辑出版，既是对以往学科建设的回顾和总结，更是目前学科建设的新开端，不仅体现了华中科技大学社会学的优良传统和成就，也预示着学科发挥优良传统将有更大的发展。

雷　洪

2016年5月

序

对于老师而言，职业生涯最开心的事情之一，就是看到学生的发展。高翔是我第一个来自中国的博士生，能有机会给她的第一部作品写序言，是一件值得骄傲的事。

高翔是2011年来美国的亚利桑那州州立大学攻读社会工作的博士学位的。州立大学坐落在西南部的菲尼克斯市（又名凤凰城），也是美国就人口而言的第五大城市。凤凰城有超过150万的人口，而环凤凰城的城市带则聚集了近430万人口。社会工作系就坐落在市中心的校区。

本书是在高翔博士毕业论文的基础上完成的。关于这本书本身，我不想做过多的内容方面的评价，而是想乘此机会回顾一下高翔求学的过程，特别是写博士论文的时光。第一年结束的时候，博士生要进行课程资格考试，只有通过这个课程资格考试，才可以继续学业。高翔第一年的暑假就通过了这个考试。从第二年开始，高翔就基本确定了老年社会工作的研究方向。到第三年的时候，学生还要完成一个博士论文的资格考试，再进行论文开题答辩，成功答辩之后，就可以被称为 all but dissertation（ABD），就是博士候选人的意思。

下面我回顾高翔的毕业论文写作过程，主要包括选题设计、数据收集、分析写作和答辩这四个阶段。

博士论文的选题是最纠结的。当时，我拿到一个美国司法部的课题，研究华裔老人的经济剥夺和忽略问题。高翔是我的研究助手，从写课题申请书的时候，她就帮助我寻找文献，校对文稿。在数据收集阶段，高翔也帮助我组织焦点小组访谈，修改访谈提纲，设计问卷等等。或许是受此项目的影响，高翔决定深入探索研究华人老年虐待问题。在美国这样的研究并不多。一则，华人的比例比较小；二则，这个问题比较敏感，特别是对重视家庭关系的华人而言。高翔发现涉及老人的虐待不仅是经济层面上的，还有很多包括身体、心理、弃养等方面的问题。她决定选择这个研究课题，是很有挑战性的。如果做的不好，由于社会称许性偏见（social desiability bias）效应，研究设计得到的数据是失真的。

在这个阶段的一个重点，就是理论框架和研究设计。其实研究老年虐待的风险因素，可以套用犯罪学的一些理论，例如 routine activity theory，从受害者、施虐者，以及环境支持体系的三个层次来考虑。高翔从社会工作的视角出发，从社会生态整体论的角度，分析不同个人、家庭、社会支持网络，以及文化因素对老年人的影响。这种整体论的社会生态视角虽然貌似很全面，但其一个局限性，是它可能会过于空乏，导致失去焦点。对于应用型的社工研究，这样就无法发掘出社工干预的重点。高翔在已有文献的基础上，找到文化因素这个重点，并且把它具体操作化到观念和行为中，算是点面结合了。

对于研究方法，高翔还是和我们指导委员会有过反复的讨论的。因为她的论文包含焦点小组讨论和问卷调查设计，表面是混合方法的设计，但其实也是有侧重的，她的定性数据是为了更好地调整一些定量问卷里面的问题，所以严格意义上讲，她的论文是以定量为主的方法设计。

在数据收集方面，对于任何一个社会科学的博士生而言，收集一手实证数据来写毕业论文都是很值得钦佩的事情。虽然这个过程耗时耗力，压力也很大，但收获也是很多的。尤其是对于读社会工作的博士生而言，只有和自己的研究群体接触，才能更好地建立起同理心，才能发现一个个统计数字背后的故事，也会在讨论数字结果的时候，有更多的领悟和反思。

2017 年 7 月，在我做一次跟踪调查的时候，一位菲尼克斯市的受访老人笑着说，“您又来了，我这里还有两年前高翔给的肥皂。”于是我的脑海就出现了一个博士生，开着她的“喘气的”二手车，后车厢里面塞满洗衣液和肥皂，奔驰在夕阳西下的凤凰城。在美国做任何涉及人群的研究，都需要得到学校道德伦理委员会的批准。一个重要的环节，就是要请受访者签署知情同意书（informed consent）。然而在实际操作中，一份知情同意书，就可以把很多华人排除在外。他们觉得太正式，而且如果要签字的话，更让他们担心。所以在简单的项目介绍会上，介绍研究项目的基本情况，口头上表达知情同意，不用签字，更适合这个群体。另外，在这个介绍会上，也是需要技巧的。任何形式的研究方式，除了不被受访者发现的暗中观察，都是一种介入。华裔移民老人是有需要的群体，他会要求你帮他翻译信件、打电话、教单词、使用手机等等。如果你只关注你想要的，那么你的研究是难以开展的。高翔很快调适了自己，在招募研究对象方面，取得了不少进步。

分析和写作这个阶段，高翔是比较擅长定量分析的。而关于定性的数据分析方法，通常是将焦点小组的访谈转录成文字，然后再进行编码分析，最后还要翻译成英文。高翔有很扎实的定量分析的基础，在定性的数据分析方面她得到了锻炼。此外，她还通过邀请不同人员进行编码和效验，增加主题分析的可信度。

毕业答辩是最后一个阶段。答辩的委员会有三名成员，我是委员会主席。高翔研究的重点是文化因素对老年虐待的影响，也就是说在华裔老年群体里，有哪些独特的因素可以解释他们被虐待。所以答辩过程中，针对这个方面的提问比较多。高翔很好地分析了家庭观念，包括家庭冲突、家庭和谐两个维度；还有文化融入对老年虐待观念的影响。

和此书相关的高翔的两篇英文论文也已经发表在美国的老年学 SSCI 期刊上了。此书的编写，给国内老年虐待研究提供了启发和引领。希望此书可以增进国内学生对老年人群的了解，激发研究者对老年社工的兴趣和思考，引起社会大众对老年虐待问题的关注。

孙飞

2017 年 9 月于密歇根州立大学

目　录

第一章　引言

老年虐待（elder abuse）和老年忽视（elder neglect）问题严重危害不同国别、不同种族老年人的生理健康和心理健康。自 20 世纪 70 年代起，西方国家就对老年虐待、忽视的问题进行研究，发现老年虐待、忽视的发生率自 1.3% 至 27.5% 不等。发生率在多项研究中的巨大差异，可能源于对老年虐待/忽视的概念界定、测量、数据收集方法、样本地点和研究对象的差异（Dong，Chang，Wong，Wong & Simon，2011；Cooper，Selwood & Livingston，2008；Fulmer，Guadagno & Connolly，2004）。2010 年有学者对美国老年虐待/忽视现象进行全国性调查，估计 1/10 的美国老人经历过某种程度的虐待/忽视（Acierno et al.，2010）。

我们必须注意到，大量的老年虐待/忽视案例没有被揭露出来，老年虐待/忽视真实的发生率可能更高。有学者估计仅有 4.3% ~7.1% 的老年虐待/忽视案例被报告出来（Lachs，2011；National Research Council，2003）。在美国少数族裔中，没有揭露的老年虐待/忽视案例比重可能更大。对拉美族裔的研究表明，老年虐待/忽视案例的低报告率，是源于“私事必须家庭内部处理”的拉美文化传统，以及对美国当局的惧怕心理（DeLiema，Gassoumis，Homeier & Wilber，2012）。学者估计亚裔美国人的报告率低于白人，原因在于对虐待情境的容忍度较高以及对美国老年虐待报告制度的不知情（Moon，Tomita & Jung - Kamei，2002；Moon & Williams，1993）。例如，在 Moon 和 Williams（1993）的研究中，40% 的韩裔美国人没有认识到以下情境是虐待性的：在母亲烧坏了一些食物后，儿子向她扔煎锅。

由于老年虐待和老年忽视是西方语境下提出来的新概念，在本书的引言部分笔者首先对这两个概念进行界定。在西方文献中，老年虐待和老年忽视往往包含于“老年不正确对待”（elder maltreatment 或者 elder mistreatment）这个概念之下，指代对65 岁以上老人的基本人权和公民权利的侵犯（Cooper，Selwood & Livingston，2008；Dong，Chang，Wong，Wong & Simon，2011）。甚至在某些文献里，老年虐待包括老年忽视的内涵，与“老年不正确对待”相互代替使用。在中文里“老年不正确对待”翻译过于拗口，因此本书仍然用老年虐待/忽视来指代老年虐待和老年忽视两个核心概念。

根据世界卫生组织的定义，老年虐待是指对老年人故意施加的一次或多次的侵犯行为，主要类型包括身体虐待、经济虐待、情感虐待和性虐待（WHO，2011）。身体虐待是指导致身体伤害和疼痛的故意伤害或惩戒行为（Dong，Simon & Gorbien，2007）。经济虐待指对老人财务不合理的处置或使用（Lachs & Pillemer，2004）。情感虐待指故意导致老人情感创伤或痛苦的行为（Lachs & Pillemer，2004）。西方文献中老年虐待包括老人院中工作人员对老人的虐待、家庭成员对老年人的虐待甚至包括老人院中老年人之间的霸凌行为。本书仅涉及家庭中发生的老年虐待行为。

老年忽视是指不注意、不重视老年人需求而未能给老年人提供必要的物质或服务，从而导致老年人基本需求无法满足的一种现象（Fulmer et al.，2005；Dong et al.，2007）。西方文献中将老年忽视进一步分为他人忽视和自我忽视，本书中只包括家庭成员对老年人的忽视，不包括老年人对自身的忽视。不同于老年虐待，老年忽视以“不作为”的形式体现出来，对老年人身心健康的危害没有显现化，但这并不意味着老年忽视不具有危害性。美国的研究表明，在所有危害老年人的行为中，老年忽视的比例占到60%～70%，远远高于老年虐待（Fulmer et al.，2005），且受到忽视的老年人的患病率和死亡率显著增加（Dong et al.，2009）。举例而言，忽视老人吃饭穿衣等基本日常照料需求，导致老人“衣不蔽体、食不果腹”，其严重程度不亚于身体虐待；子女不去探望老人，其严重程度不亚于精神虐待。受到上述定义的启示，笔者认为老年虐待和老年忽视具有高度的文化敏感性，在具体研究中应保持这两个核心概念的开放性，让老人自己定义什么是老年虐待，什么是老年忽视。

美国的所有族裔都存在老年虐待/忽视问题，但华裔人群中的老年虐待/忽视问题相对而言研究较少。华裔是美国第二大移民群体，也是最大的亚裔群体（Mui & Shibusawa，2008）。华裔美籍老年人增长率远远高于白人老年人（Administration on Aging，2009）。并且80%的华裔老人属于移民，不是美国本土出生（Gallagher－Thompson et al.，2007）。在中国的传统文化里，儒家十分提倡孝顺，认为子女应当尊重和关爱父母，并提供健康照料和经济支持（Lai，2009）。父母在早年为整个家庭的福祉和子女的教育作出了巨大的牺牲，作为回报，子女也有义务回报年老的父母。特别是在中国大陆，新修订的《中华人民共和国老年人权益保障法》（2013）将这一道德写进法律，要求成年子女必须为老年父母提供经济、情感和工具支持，并经常性地探望老年父母，否则将面临法律处罚。因此受中国法律和传统文化的影响，华裔老人可能认为情感支持上的不足是不可接受的，甚至认为是具有虐待性质的。此外，移民美国对华裔可能带来严重的文化冲击。美国的自由主义和独立意识（independence）可能冲击中国传统文化中的集体主义以及相互依靠意识（interdependence），移民美国可能打破家庭中父辈和子辈之间的平衡。比如，一项对华裔和韩裔老人的研究表明，移民会导致家庭生活发生以下三个方面的变化：（1）核心家庭取代多代同堂的大家庭；（2）老年父母失去在家庭中的权威；（3）成年子女与老年父母分开居住（Wong，Yoo & Stewart，2006）。美国文化融入的压力、语言障碍以及社会服务可及性的缺失，可能严重威胁到华裔老年人脆弱的支持系统，加剧老人的脆弱性、依赖性和精神压力（Dong et al.，2011），从而进一步增加老年虐待/忽视的风险。

本书将对老年虐待/忽视研究进行文献综述，梳理有关理论和测量量表，旨在理解60岁以上美国华裔家庭中老年人对虐待/忽视的主观建构，测量老年虐待/忽视的发生率和相关影响因素。本书关注美国亚利桑那州凤凰城市区的华裔老人，试图从文化视角和法律视角解读社会文化因素（家庭支持变量和文化变量）的影响。本书主要回答两个研究问题：（1）美国华裔家庭中老年虐待和老年忽视问题的发生率是多少。（2）哪些是老年虐待和老年忽视问题的保护因素和风险因素。

为回答上述问题，本书采用以定量为主，定性为辅的研究方法，探索华裔家庭中老年虐待/忽视问题。在第一阶段，运用焦点小组确保下一阶段问卷的文化和语言敏感性。通过听取焦点小组的反馈意见，调整问卷设计。在第二阶段，修改后的问卷由华裔老人填写，测量老年虐待/忽视的发生率，明确相关的风险和保护因素。本书选用生态理论指导整个研究。

华人是在美国人口增长最快的族裔之一（Administration on Aging，2009），对华裔家庭中老年虐待/忽视问题的研究有重要的理论意义和现实意义。本书将丰富我们对老年虐待和老年忽视问题的理解，让这一问题在华人社会显现化。以前的研究仅关注美国一般老年人的虐待/忽视的发生率和相关因素，没有单独针对华裔群体进行文化和法律视野下的分析。

本书的样本选自美国亚利桑那州凤凰城社区中的华裔老人。凤凰城华裔老人的数量不断增加，但是对正式支持资源的可及性有限。尽管亚利桑那州在过去的几十年见证了华裔人口的快速增长，但没有组织化的民族聚居地，例如唐人街等。本书的调研人群即是这样一个被美国主流社会相对孤立，获取社区资源有限的群体。再加上这个群体英文水平较差（没有“嘴”），缺乏交通工具（没有“腿”），具有脆弱性。相比于在华裔聚居的美国大城市所做的调研（比如芝加哥唐人街的华裔老人调研），考虑到聚居地的文化排他性，本书基于凤凰城调研得出的结论对零星分布在美国的华裔群体更有针对性。

本书的结论可运用在“健康不平等”、“社会工作实务”等课程中，以丰富对未来实务人员的教育和培训。“健康不平等”、“社会工作实务”等课程的教师可使用本书的老年虐待/忽视筛查工具，发展本土社会工作。本书的结论也可帮助设计具有文化和语言敏感性的社会工作项目，或修正已有的项目，筛查华人家庭中老年虐待/忽视的情况，消除风险因素。本书的最后将提出针对华裔老人需要，具有文化敏感性的老年虐待/忽视的预防和干预的项目。本书对华裔家庭老年虐待/忽视的探索也会指导今后的研究。学者可在中国或美国其他地区进行类似研究。此外，对华裔家庭老年虐待/忽视的研究可扩展到老年虐待的报告障碍（barriers of reporting）、求助模式和实务方案设计上。

本书致力于揭露华裔家庭中的老年虐待/忽视问题。该社会问题对老人的身心健康危害性大，但在美国的政治关注度较小。美国的政策研究人员可运用本书中的研究结论，敦促立法者全面贯彻美国《老年正义法案》（*Elder Justice Act*，EJA），支持《老年虐待受害者法案》的起草（Dong，2012）。随着我国人口老龄化问题日益严峻，有关老年虐待现象的报道屡见报端，越来越多的学者开始关注老年虐待问题（例如张敏杰，2002：66－70）。然而，由于老年忽视的危害没有显现化，且大多数情况下并未违反法律，因此国内学术界很少关注“老年忽视”问题。加强对我国家庭中老年虐待/忽视问题的研究，借鉴西方已有的研究结论，科学地测量老年虐待/忽视问题的发生率，让问题显现化，能够提高老年人、家庭以及全社会对老年虐待/忽视问题的重视程度。同时，消除风险因素，增强保护因素，对于改善我国老龄群体的生活和生命质量，实现健康老龄化社会具有重要的现实意义。

第二章　中美老年虐待/忽视研究综述

第一节　老年虐待/忽视在美国一般群体中的发生率和相关因素

一　老年虐待/忽视在美国一般群体中的发生率

美国早期对老年虐待/忽视的研究开始于20世纪70年代末期，发展于80年代末期（Kosberg，1988；Kosberg，Lowenstein，Garcia & Biggs，2003）。筛查出的发生率差别较大，由于定义、测量、研究方法、调研对象和抽样地址不同，结果从1.3%到27.5%不等（Dong，Chang，Wong，Wong & Simon，2011；Cooper，Selwood & Livingston，2008；Fulmer，Guadagno & Connolly，2004）。在美国一些大城市，学者进行横截面研究检测各地的老年虐待/忽视发生率。例如，在马里兰的研究表明，通过收集社会服务机构、老年自身以及一些公共数据，老年虐待/忽视发生率大约在4.1%（Block & Sinnott，1979）。新泽西对六十岁以上的老人进行随机抽样调查，结果表明老年虐待/忽视的发生率仅有1%（Gioglio & Blakemore，1982）。波士顿的随机抽样调查表明，社区中65岁以上的老年人，老年虐待/忽视的发生率大约在3.2%（Pillemer &

Finkelhor, 1988)。

除上述在美国大城市进行的横截面研究，仅有一项纵向研究和两项全国性的研究检测过美国的老年虐待/忽视发生率及相关因素。该纵向研究通过调研康涅狄格州社区中的老人，并参考保护服务中心的资料，发现在过去的九年中，老年虐待/忽视的发生率大约在 1.6% （*N* = 2812）（Lachs, Williams, O'Brien, Hurst & Horwitz, 1997）。然而，老年虐待/忽视案例向保护服务中心的低报告率并不能反映真实的老年虐待/忽视发生率。

两项全国性的抽样调查揭露了全美老年虐待/忽视案例的发生率及相关因素（Acierno et al., 2010; Laumann, Leitsch & Waite, 2008）。在 2008 年全美“社会生活、健康和老年化项目”中，对社区中的老年人进行概率抽样，发现语言虐待在一年中的发生率大约为 9%，身体虐待为 0.2%，经济虐待为 3.5%（Laumann, Leitsch & Waite, 2008）。但是，该研究中每一类型的虐待仅被一道问题测量，因此该测量工具的可靠性不足。2010 年美国进行另外一次全国性的调查，对社区中的老年人进行概率抽样，筛查五种类型的老年虐待/忽视，包括老年忽视、情感虐待、身体虐待、性虐待和经济虐待（Acierno et al., 2010）。在一年中，情感虐待、身体虐待、性虐待、经济虐待和老年忽视的发生率分别是 4.6%、1.6%、0.6%、5.2% 和 5.1%。总体而言，超过 1/10 的美国老年人在一年中经历过某种类型的老年虐待或老年忽视。

二 老年虐待/忽视在美国一般人群中的风险因素

（一）受害者个人因素

年龄 高龄是不是老年虐待或老年忽视的风险因素具有争议。有研究表明高龄老年人被虐待或忽视的风险较高（例如：Lachs,

Williams，O'Brien，Hurst & Horwitz，1997；Dong，Simon & Evans，2009；Kosberg，1988）。然而两次美国调研发现低龄反而是老年虐待/忽视的风险因素。比如，低龄和语言虐待、经济虐待正相关（Laumann，Leitsch & Waite，2008）；相对于更老的老人，70岁以下的老年人更容易经历情感虐待和经济虐待（Acierno et al.，2010）。各项研究的不一致可能源于老年虐待/忽视定义和研究方法上的区别。

性别　老年人性别和老年虐待/忽视的关系在以往的文献中也没有定论。通常女性被认为更容易被虐待或者被忽视（Dong，Simon & Evans，2009；Kosberg，1988）。具体而言，研究者在一项全国随机调查中发现女性老人更容易被语言虐待（Laumann，Leitsch & Waite，2008）。但是有研究表明男性老人更容易被虐待或被忽视（Pillemer & Finkelhor，1988）。可能的原因是男性在妻子去世后更可能再婚，也即是说男性老年人更可能与他人同住。与他人同住也是老年虐待/忽视的相关因素，这一因素将会在后文中详细描述。另一个原因可能是男性老人受虐程度较轻，但相对于女性老人更加频繁。因此当老年虐待/忽视的“门槛”较低时，在男性老人中的发生率较高。

婚姻　已婚老人更容易被虐待或被忽视（Pillemer & Finkelhor，1988）因为伴侣往往更可能是施虐者。婚姻的影响取决于虐待或忽视的类型。一项全国性的调研表明没有伴侣的老人受到经济虐待的危险更高（Laumann，Leitsch & Waite，2008），而婚姻和语言虐待之间的关系不显著。

健康　老年人较低的生理和心理健康水平会增加老年虐待/忽视的危险（Dong，Simon & Evans，2009；Laumann，Leitsch & Waite，2008）。老人的功能性残疾（Lachs，Williams，O'Brien，Hurst &

Horwitz, 1997)、较差的营养状况(Dong, Simon & Evans, 2009)、抑郁(Dyer, Pavlik, Murphy & Hyman, 2000)、药物滥用(Kosberg, 1988)都是老年虐待/忽视的风险因素。具体而言，较差的生理健康水平与语言虐待有关(Laumann, Leitsch & Waite, 2008)；抑郁与自我忽视有关(Dyer, Pavlik, Murphy & Hyman, 2000)。老人较差的生理健康水平会增加照料者的照料压力，降低自身的求助能力，从而进一步增加受虐待或被忽视的风险(Schiamberg & Gans, 2000)。

特别是患有阿尔兹海默症或其他类型痴呆症的老人，受虐待或被忽视的风险更高(Lachs, Williams, O'Brien, Hurst & Horwitz, 1997; Lachs & Pillemer, 2004)。一种解释是痴呆老人的破坏行为和挑衅行为会加剧照料压力，引起照料者的不良行为。近17%的痴呆症患者具有攻击性行为，最常见的形式包括口头攻击和身体威胁(Paveza et al., 1992)。值得一提的是，照料者也可能受到痴呆老人的虐待(Lachs & Pillemer, 2004)。此外，痴呆老人自我忽视的风险更高(Dyer, Pavlik, Murphy & Hyman, 2000)。

(二) 施虐者个人因素

对施虐者个人因素的研究远远少于对受虐者个人因素的研究，原因在于施虐者往往难以接近(Choi & Mayer, 2000)。迄今为止的研究表明，施虐者个人因素，包括抑郁、痴呆症、药物滥用(Kosberg, 1988; Hwalek, Neale, Goodrich & Quinn, 1996; Reay & Browne, 2002)、照料压力(Coyne, Reichman & Berbig, 1993)都是实施老年虐待/忽视的风险因素。轻度老年痴呆者由于自身的认知障碍给照料工作带来挑战，而且痴呆症还会造成攻击性行为，导致其照料者是潜在的施虐者(Kosberg, 1988)。相对于经济虐待和老年忽视，身体虐待和情感虐待在有药物滥用史的照料者身上更可能发生（Hwalek，Neale，Goodrich & Quinn，1996）。照料者如有药物滥用史，会由于其购买毒品的需求，而增加施加经济虐待的可能性。

（三）人际因素

依赖　依赖作为一个风险因素，是由社会交换理论提出来的。老年人在生理上、心理上、经济上依赖照料者，缺乏权力资源（例如：身体机能、金钱、社会地位等）来保持平衡的关系（Dowd，1975）。具有权力优势的照料者可能滥用权力并操纵依附他们的老年人（Burnight & Mosqueda，2011）。然而，一些研究中也支持相反的事实，即老年虐待/忽视的施虐者往往在经济上依赖受害者（Hwalek & Sengstock，1986；Kurrle，Sadler，Lockwood & Cameron，1997；Wolf，Strugnell & Godkin，1982）。在某些极端情况下，残疾的被照料者在经济、情感和身体上依赖老年照料者，但却对老年照料者施虐（Pillemer，1985）。在这些情况下，老年虐待/忽视可能是因为被照料者对其自身"无力感"的怨恨（Pillemer，2004）。

居住状况　老年虐待/忽视的风险因家庭构成而异，在与配偶和至少一个孩子同住时风险最高；其次是和一个孩子同住；独居的风险最小（Pillemer & Finkelhor，1988）。一项长达九年的纵向研究证实了这一发现（Lachs，Williams，O'Brien，Hurst & Horwitz，1997）。大量家庭成员共同生活可能会导致家庭中的拥挤感和隐私的匮乏（Kosberg & Nahmiash，1996；Schiamberg & Gans，2000），由于更多的家庭接触增加了家庭冲突的可能性（Lachs & Pillemer，2004）以及老年虐待/忽视发生的可能性。但是，经济虐待受害者的生活状况例外。独居老人受到经济虐待的风险更高（Lachs & Pillemer，2004；Laumann，Leitsch & Waite，2008）。

社会支持/社会孤立　社会孤立或缺乏社会支持是老年虐待/忽视的风险因素。较低水平的社会支持与所有形式的老年虐待/忽视（照料者的忽视、情感虐待、身体虐待、性虐待和经济虐待）（Acierno et al.，2010），以及自我虐待（Dong，Simon & Evans，2009）相关。有可能受到虐待的老年人缺乏来自其他家庭成员和朋友的非正式支持，以及卫生专业人员和机构工作人员的正式支持。这种孤立可能会加剧家庭冲突，并隐藏照料者的虐待行为（Lachs，& Pillemer，2004）。此外，由于缺乏非正式和正式的支持（例如喘息服务），在照顾的过程中，家庭照料者的社会孤立也是老年虐待/忽视的一个风险因素（Kosberg & Nahmiash，1996；Schiamberg & Gans，2000）。

民族/国家　在关于老年虐待/忽视的九年纵向研究中，非白人与白人同伴相比，更有可能受到虐待（Lachs，Williams，O'Brien，Hurst & Horwitz，1997）。非裔美国人报告自己被忽视的风险高于美国白人（Dong，Simon & Evans，2009）。然而，在上述两项研究中，由于在社会福利制度中存在报道偏差，种族的预测效应可能被高估了。换言之，少数族裔的报道比白人的多（Lachs et al.，1997）。尽管大多数报告的老年虐待/忽视受害者来自少数族裔群体，报告案例的种族可能并不代表实际人口（Lachs et al.，1997）。

在自我报告的调查中，种族和老年虐待/忽视之间的联系是多样的。据调查，非裔美国人更有可能经历经济上的虐待，但其他类型的老年虐待/忽视并非如此（Lauman et al.，2008）。和其他族裔的人相比，拉美裔美国人报告任何形式的老年虐待/忽视的可能性更小。然而，这个全国性的研究关注美国的一般人口，并且没有探究文化因素在少数族裔群体中对老年虐待/忽视的影响。与

Lauman 和他的同事们（2008）的发现相一致，匹兹堡的另一项调查发现，非裔美国老年人在 60 岁后的经济虐待风险，比其他族裔高四倍（Beach，Schulz，Castle & Rosen，2010）。此外，虽然和经济虐待相比，情感虐待种族差别更小，但非裔美国人在情感虐待方面也有较高的风险。种族/文化这个变量在老年虐待/忽视研究中被普遍当作一项风险因素，并且更宽泛地来说，还被用在了健康研究中。然而，文化的解释性被“种族”或“文化”这两个变量简化了，并且很少在之前的老年虐待/忽视研究中被探究。正如 Hruschka（2009：238）所言：“在表面上，文化对人口健康来说似乎是一个有用的概念，这个问题早已被回答，‘为什么 A 人群比 B 人群更多地受 X 的影响’。但是概念的流行并不一定意味着科学实用性。”研究人员很少探索种族或者文化可能影响老年虐待/忽视，以及造成健康差异的路径（Hruschka，2009）。因此，以下的部分重点关注特定的少数族裔和跨种族的老年虐待/忽视问题，以寻求对老年虐待/忽视的文化解释。

第二节　美国少数人口中的老年虐待/忽视

在拉美裔老年人中，忽视是老年虐待/忽视最普遍的形式（Lifespan，2003）；这常常是无意的，家庭照料者往往缺乏照料的知识。Parra - Cardona 和同事们（2007）提出了一个概念模型来理解拉美裔老年人的老年虐待/忽视问题，从生态理论的理论视角总结老年虐待/忽视的风险因素。拉美裔老年虐待/忽视受害者的个人风险因素（微系统）包括女性身份（Tran，1997）、已婚状况（Grossman & Lundy，2003）、身体、情感和经济上的依赖（例如，一个残疾人可能依赖家庭成员的抚养、经济、交通和社会关系）

(Montoya, 1997)、较低的精神健康水平(Lachs & Pillemer, 2006)、国外出生(Vazquez & Rosa, 1999)和缺乏英语语言能力(Montoya, 1997)。由于社会期望和经济上的依赖关系,结婚的拉美裔老年人也许对老年虐待/忽视有更高的容忍度(Vazquez & Rosa, 1999)。拉美裔的老年虐待/忽视施虐者的个人风险因素(微观系统)包括:看护压力(Angel et al., 2004)、较低的精神健康水平、过去的暴力经历(Vazquez & Rosa, 1999)、药物滥用(Vazquez & Rosa, 1999)、经济困难(Lachs & Pillemer, 2006)和较低的社会支持(Vazquez & Rosa, 1999)。

照料者与被照料者之间的文化融入差异是拉美裔老年人被虐待/忽视的一个重要风险因素(Parra - Cardona, Meyer, Schiamberg & Post, 2007)。拉美裔老年人重视他们的拉美文化身份并依赖于成年子女时,成年子女对拉美文化的认知缺乏可能会增加老年忽视的风险(Vazquez & Rosa, 1999)。例如,成年子女作为照料者可能更易融入美国主流社会,认同独立和个人主义的美国价值体系,但老年父母却坚持集体主义和"强烈的社区意识"(Parra - Cardona, Meyer, Schiamberg & Post, 2007: 458)。双方可能缺乏相互理解,这可能导致照料者的忽视或老人的自我忽视。

一项调查探讨了非裔美国老人的情感虐待和经济虐待的风险因素(Beach, Schulz, Castle & Rosen, 2010)。它表明高龄、婚姻和抑郁是导致情感虐待的风险因素,而与其他家庭成员共同生活(不包括配偶和子女)和身体依赖性(即较低的 IADL 分数),是非裔美国老人遭受经济虐待的风险因素。

对亚裔美国老年人的老年虐待/忽视研究相对有限。一组研究人员集中关注亚裔美国人对老年虐待/忽视的宽容度及其求助行为。在明尼苏达的一项定性研究中,非裔、盎格鲁 - 撒克逊裔和韩裔美国女性老年人对老年虐待/忽视的认知以及求助行为被进行比较和对照（Moon & Williams，1993）。相对于韩裔美国人群体，非裔和盎格鲁－撒克逊裔美国女性老年人更可能感知到给定的老年虐待/忽视场景。一个例子是“在母亲烧坏一些食物后，儿子第三次朝母亲扔了一个煎锅”（Moon，Tomita & Jung－Kamei，2002：155）。非裔和盎格鲁－撒克逊裔的美国女性老年人认为这种场景是虐待性的，但是韩裔美国人不这么认为。然而，Pablo 和 Braun（1998）在火奴鲁鲁复制了这项研究，却发现了一个不同的结果：亚裔美国老年人（即菲律宾裔和韩裔美国老年人）和盎格鲁－撒克逊裔美国人对这种场景有相似的看法。与美国中西部的亚裔美国人相比，在火奴鲁鲁的亚裔美国人享有文化敏感性较好的社会服务，对美国主流文化融入程度较高，这或许能解释研究结果的差异。一项研究探讨了四种亚裔美国人群体（美国出生的美籍华裔、美国出生的美籍日裔、第一代美籍韩裔和第一代美籍台湾裔）对老年虐待/忽视的容忍度、对受害者的态度和对报告的态度（Moon，Tomita & Jung－Kamei，2002）。在美国出生的华裔和日裔更可能容忍言语上的虐待（比如叫喊），但比其他两个亚洲族裔更不可能容忍经济虐待。在美国出生的华裔和日裔更不可能责备受害者，但倾向于向第三方报告老年虐待/忽视（比如社会服务机构和警察）。第一代的韩裔美国人最倾向于容忍经济虐待和责备受害者（victim blaming），同时最不能容忍言语虐待和老年虐待/忽视报告。第一代韩裔美国人的反应反映了孝顺对韩国家庭信仰的强烈影响，但这种影响可能会在美国出生的华裔和日裔中减少，因为他们的传统文化受到西方个人主义的挑战。

目前，只有一组研究人员专注于美籍华人的老年虐待/忽视经历。Dong 和他的同事们（2011）在芝加哥的唐人街招募了 39 名年龄在60岁以上的华裔美籍老年人，建立焦点小组，在华裔美籍老年人中探索他们的老年虐待/忽视感知和求助的知识。从他们的角度来看，老年虐待/忽视有五种形式：照料者的忽视、心理虐待、经济虐待、身体虐待和遗弃。照料者的忽视是最普遍的老年虐待/忽视形式，而心理虐待是最严重的老年虐待/忽视形式。当他们和他们的朋友受到了虐待时，华裔美籍老年人对求助方式知之甚少。主要的来源是寻求当地社区服务中心的帮助。最近，Dong（2014）对居住在芝加哥社区的中国老年人的健康和生活状况进行了一项全面的研究（$N=3018$）。根据他的松年研究（PINE study）简报（Dong，2014），约有24%的参与者经历过某些形式的老年虐待/忽视，并且最普遍的老年虐待/忽视形式是心理虐待（10%）和经济虐待（10%），其次是照料者忽视（5%）、身体虐待（1%）和性虐待（0.2%）。家庭、文化因素和老年虐待/忽视之间的联系尚未在松年研究中被探索。老年虐待/忽视的相关因素包括高龄、较高的教育水平、较少的子女数量和更低的健康水平（Dong，2014）。

第三节　中国的老年虐待/忽视情况

老年虐待/忽视问题在中国大陆、台湾、香港和澳门等地区都被低估了。目前，中国大陆没有政府部门接受老年虐待/忽视的报告，以及向受害者提供专业援助。和美国不同，中国大陆不存在老年虐待/忽视的官方定义和强制性报告系统（Dong，Simon & Gorbien，2007）。只有Dong和他的同事研究了老年虐待/忽视在中国大陆的普遍性和相关因素。2005年，Dong和他的同事在南京的一个医学中心进行了一项研究（认知障碍或痴呆症患者不包括在研究中）。他们使用13个问题筛选受虐老人，这些问题选自易受虐待筛选量表（VASS）（Scholfield & Mishra，2003）和 Hwalek - Sengstock 的老年虐待筛选测试（H - S/EAST）（Hwalek & Sengstock，1986）。在招募的 412 名患者（60 岁以上）中，老年虐待/忽视的发生率是 35%。照料者忽视是最普遍的老年虐待/忽视形式，其次是经济虐待、心理虐待、身体虐待、性虐待和遗弃。研究发现女性、受教育程度低、收入少、社会支持较少（Dong & Simon，2008）、抑郁（Dong，Simon，Odwazny & Gorbien，2008）和孤独（Dong，Simon，Gorbien，Percak & Golden，2007）都是中国老年人受到老年虐待/忽视的风险因素。

Wang（2006）开发了老年虐待心理量表（PEAS）来测试台湾的情感虐待及其相关因素。有功能性残疾和认知障碍的老年人有更高的情感虐待风险。Yan 和 Tang（2001）使用重新修订的冲突策略量表（CTS）（Straus，Hamby，Boney - McCoy & Sugarman，1996）来检测香港老年人的情感虐待（20.8%）和身体虐待（2%）。对照料者的依赖性和不良的心理健康是这两种老年虐待/忽视类型的风险因素。在另一项研究中，Yan 和 Tang（2003）对香港居民进行了老年虐待/忽视经历的可能性调查，发现 20% 的被调查者有情感虐待的可能，只有 2% 的人有身体虐待的可能。这和他们之前的发现相一致（Yan & Tang，2001）。更令人惊讶的是，那些童年时期有过创伤经历、对长辈有消极态度，并且有着更强的传统信仰观点（即传统主义）的香港居民，实施老年虐待/忽视的倾向也更强。他们后期的研究表明，记忆障碍、视觉障碍、老年人依赖性和更少的照料者依赖性是情感虐待的风险因素，而后两个因素也是身体虐待的风险因素（Yan & Tang，2004）。

第四节　老年虐待/忽视问题的社会文化因素小结

在特定族裔中的老年虐待/忽视研究表明，社会文化因素与老年虐待/忽视相关。在国外出生（Vazquez & Rosa，1999）、缺乏英语语言技能（Montoya，1997）、照料者和被照料者之间不同的文化融入程度（Vazquez & Rosa，1999；Parra - Cardona，Meyer，Schiamberg & Post，2007）是拉美裔老年人受到虐待/忽视的风险因素。

为了解拉美裔老年虐待/忽视问题，有学者建立了老年虐待/忽视的社会文化概念模型。该模型指出，由于缺少老年人可用的资源，较小规模的社交网络可能会增加老年虐待/忽视的风险。如果老年人有交通和语言问题，并且严重依赖他人生存的话，风险就会大得多（Beyene et al.，2002）。当老年人不愿意使用正式的服务而只依靠家庭支持的时候，对拉美文化的遵守（比如家庭主义）可能是老年虐待/忽视的一个风险因素（Parra - Cardona，Meyer，Schiamberg & Post，2007）。因此可以说在本书中，老年虐待/忽视和对家庭支持的文化观念之间的联系具有普遍性。

对华裔老年人的老年虐待/忽视研究十分有限，对已有研究的综述表明，更强的中国传统观念或更弱的现代观念，以及更少的社会支持是老年虐待/忽视的风险因素（Dong & Simon，2008；Yan & Tang，2003）。特别是性别调节了社会支持与老年虐待/忽视的关系。对于中国男性来说，社会支持的保护作用比中国女性强得多（Dong，Beck & Simon，2010）。然而，老年虐待/忽视、老年人对家庭支持的看法，以及他们对传统中国文化的依从性没有被调查。本书的研究包括以上所有社会文化变量（即出生地点、英语语言技能、社会支持和中国传统文化的依从性），并且考察在华裔美籍老年人中这些变量与老年虐待/忽视的关联。

第五节　老年虐待/忽视筛查工具回顾

一些学者认为老年虐待/忽视的自我报告是不可靠的，他们考虑到受害者也许因为个人原因和家庭原因，或是由于认知障碍而不能报告（Fulmer，Guadagno & Connolly，2004）。识别和报告老年虐待/忽视的责任主要取决于第三方观察者，包括社会服务专业人员和警察。这些第三方观察者需要借助具有文化敏感性的筛选工具。为了满足不同机构的需要，已经开发出了多个访谈者管理式的筛查工具来检测老年虐待/忽视。

Johnson（1981）开发了一个主客观评估工具来分别采访老年人和他们的家庭照料者。这个评估工具包括三个部分：（1）主观访谈；（2）客观观察；（3）评估老年虐待/忽视类型（即忽视、经济虐待、身体虐待和情感虐待）。主观访谈是询问家庭生活、社会支持以及各种形式的虐待证据。客观观察包括对老年人（比如他们手臂上的淤青）、照料者（比如他们的身体能力和心理素质）和他们的互动（比如老年人表现出的害怕情绪）的观察。这个评估工具的优势在于，它能评估出导致忽视和身体虐待程度的因素，这可能直接影响未来针对这种情况的社会工作干预。然而，这个评估工具中的主观性可能会使识别老年虐待/忽视变得困难，有认知障碍的老年人可能由于想象和误解而错误地报告虐待。此外，访谈者的客观观察可能会受到他们自己的主观性影响（Fulmer，Guadagno & Connolly，2004）。

Ferguson 和 Beck（1983）开发“H. A. L. F.”量表（Health，

Attitudes towards Aging, Living arrangements, and Finances）来评估老年人是否受到他们的成年子女虐待。问题包括被照顾者和照料者的风险因素、家庭对衰老的态度、居住安排、经济虐待和其他相关的变量。自 1983 年以来，社会科学出版物就没有使用过“H. A. L. F.”量表（Fulmer, Guadagno & Connolly, 2004）。

Fulmer 和 Wetle（1986）为所有的临床情况开发老年评估工具（EAI），评估可能的忽视、经济虐待、遗弃等。要求访谈者评估：是否有老年虐待/忽视的证据，比如“用商品交换服务”（从无证据到证据确凿）。值得注意的是，没有必要计算 EAI 的总分，或是用定量的方式解释它们，因为任何积极的证据都能帮助发现老年虐待/忽视。EAI 已经被用于在急诊部门检测老年虐待/忽视，并且它的可行性已经在该部门中被证实了（Fulmer, Paveza, Abraham & Fairchild, 2000）。

虐待指标量表（IOA）是由 Reis 和 Nahmiash（1998）开发的，用于在家庭环境下检测老年虐待/忽视。访谈者对照料者指标（比如药物滥用问题）和被照料者指标（例如认知障碍）进行评估。访谈平均持续 2～3 个小时，需要有经验的熟练访谈者。“这作为一种研究工具似乎有巨大潜力，但在大多数医学、社会服务、成年人保护中心或者监察专员实践中都太冗长了。”（Fulmer, Guadagno & Connolly, 2004：300）

然而，一些学者质疑访谈的质量，更倾向于老年人的自我报告。Comijs 和他的同事们（1998）对由有经验的访谈者进行的老年虐待/忽视受害者访谈录音进行了分析，发现访谈者跳过了 4.2% 的问题，4.4% 的问题没有得到充分的回答，因此质疑了访谈过程的质量问题。

Hwalek 和 Sengstock（1986）开发了一个 15 个问题的 Hwalek –

Sengstock 老年虐待筛选测试（H－S/EAST），从老年人的自我报告中筛选老年虐待/忽视的事例。例如，用来检测身体虐待的一个问题是："最近有没有亲近的人想伤害你或打你?" Neale 和同事们（1991）检查了 H－S/EAST 的有效性，包括其内容有效性、共时有效性和结构有效性，在社区的服务机构中，为盎格鲁撒克逊和非裔美国人的适应性提供了证据。通过进行功能分析，有学者提出了一个仅有六个问题的简易版的 H－S/EAST 量表。此外，一个改进的版本被用于中国老年人样本（Dong，Simon & Gorbien，2007）。除了 H－S/EAST 量表中的问题，Dong 和同事们的研究还包括与性虐待和遗弃有关的问题，如"你有任何不愿意的性接触吗?"和"有任何家庭成员曾在诊所、医院或其他公共场所遗弃你吗?" Schofield 和 Mishra（2003）也指出，老年人有可能在访谈者面前隐藏他们的老年虐待/忽视经历，一份安全的自我报告问卷调查更让人放松。因此，他们开发了一个包含 12 个问题的，基于澳大利亚妇女健康纵向研究的易受虐待筛选量表（VASS）。易受虐待筛选量表有四个因素：脆弱性、依赖性、沮丧和胁迫。

冲突策略量表（CTS）或修正冲突策略量表（CTS2）最初用来测量亲密伴侣之间的冲突（Straus，1979；Straus，Hamby，Boney－McCoy & Sugarman，1996），但是现在经常在老年虐待/忽视研究中使用（Fulmer，Guadagno & Connolly，2004；Sooryanarayana，Choo & Hairi，2013）。冲突策略量表和修正冲突策略量表用于筛选情感和身体虐待，但不筛选经济虐待、性虐待或忽视（Fulmer，Guadagno & Connolly，2004）。

以上量表是为了在一般人群中检测老年虐待/忽视，因此它们可能不适用于某个特定的少数族裔群体。然而，现有的量表提供了多个指标，可以作为老年虐待/忽视评估的"指标库"，具有借鉴意义，但不能完全照搬。我们可以从中选择适当的问题来测量华裔美籍老年人中各种各样的老年虐待/忽视。此外，本研究探讨了具有文化适应性和语言适应性的老年虐待/忽视指标。

对美国的一般群体进行的老年虐待/忽视的研究，尤其是对老年虐待/忽视的两项全国性的研究（Acierno et al.，2010；Laumann，Leitsch & Waite，2008），揭示了美国老年虐待/忽视问题总体趋势，提出了个人层面与人际层面的风险因素。然而，针对某一特定族裔群体的老年虐待/忽视研究仍需要“因果研究”（Kosberg，Lowenstein，Garcia & Biggs，2003）。拉美裔和非裔美国人中的老年虐待/忽视受到越来越多的关注。对这两个少数族裔群体的研究表明，在这项研究中，某些社会文化因素仍有待检验，例如文化融入和社会支持因素。

对华裔美籍老年人的老年虐待/忽视研究仍处于初级阶段。只有一组学者（Dong et al.，2011；Dong，2014）专门关注华裔美籍老年人的老年虐待/忽视，尤其是居住在芝加哥的老年人。芝加哥是美国比较古老的华人聚居地，大约有 42060 名华裔聚居于此（U. S. Census Bureau，2010）。然而，在有唐人街的城市或中国移民大量集中的城市所进行的研究，也许并不适用于美国的其他地区。在没有大量华人聚居的城市，华人之间的非正式支持，以及社区的正式支持可能较少。因此，有必要在这些华人较少的城市，或者没有唐人街的城市做进一步研究。亚利桑那州凤凰城市区就是这样一个没有大量华人聚居的社区，只有 7270 名美籍华人（不包括台湾人）（U. S. Census Bureau，2010）。

此外，之前关于中国老年人或华裔美籍老年人的老年虐待/忽视调查使用了修订版 CTS2（例如：Dong，2014；Dong，Simon 和 Gorbien，2007；Yan 和 Tang，2001），评估老年虐待/忽视的普遍度，或使用日常生活能力量表（ADL）（Katz et al.，1963）和工具性日常生活能力量表（IADL）（Lawton & Brody，1969）来评估“老年忽视”（即不满足日常生活需要）。CTS 最初是用来检测美国普通民众的亲密伴侣暴力问题（Straus，1979；Straus，Hamby，Boney - McCoy & Sugarman，1996），该量表用来检测中国人或华裔美国老年人的老年虐待/忽视的有效性需要被证实。ADL 和 IADL 量表常用于测量老年人自身的身体机能，有可能捕捉到老年人的日常需要是否被忽视了。但它并非是老年忽视的有效测量工具，因为它没有涵盖老年人的生理和心理需要。因此，迫切需要一项探索性研究来了解华裔美国老年人对老年虐待/忽视的看法，给这一群体开发一个具有语言适应性和文化适应性的老年虐待/忽视量表。

已有研究对中国人或华裔美籍老年人的老年虐待/忽视问题调查发现了老年虐待/忽视和老年人特征的关系，如高龄、女性、低收入、较低的受教育程度、较低的身心健康水平和更少的社会支持（例如：Dong，2014；Dong 和 Simon，2008；Dong，Simon，Odwazny 和 Gorbien，2008；Wang，2006；Yan 和 Tang，2001）。然而，除了一项调查传统主义对香港人老年虐待/忽视影响的研究之外（Yan & Tang，2003），并没有学者探究家庭支持对老年虐待/忽视的影响和老年虐待/忽视的文化解释。Yan 和 Tang 发现更传统的中国人有更强的老年虐待/忽视倾向。这似乎违反直觉，需要进一步研究来了解其中的影响机制。老年虐待/忽视和老年人的传统主义之间的联系也有待检验。在本项研究中，文化变量（即传统主义和文化融入）被用来衡量老年人对美国价值体系的同化水平和对中国传统文化的依从程度；家庭变量（即家庭支持网络和家庭凝聚力）用于衡量华裔美籍老年人中家庭支持的可得性和重要性。

本研究探讨了居住在凤凰城社区的华裔家庭中老年虐待/忽视的普遍程度，并根据已有文献，探寻可能存在的风险因素。本书在生态理论的指导下，强调家庭变量和文化变量。

第三章　老年虐待/忽视相关理论与研究假设

老年虐待/忽视的相关理论包括情境模型、社会交换理论、社会文化健康信念模型以及生态理论等。这些理论有的侧重人际关系，有的侧重社会文化变量或情境。其中，生态理论为本书提供了理论框架。

第一节　情境模型

情境模型，也称为应激模型，在老年虐待/忽视中，是最早的也是最被普遍接受的模型（Pillemer & Wolf，1986）。它的基本假设是，随着照料者的情境压力增加，老年虐待/忽视的可能性增加。这一模型包括三种情境变量：受害者相关变量（比如依赖性、身体健康和心理健康）、施虐者相关变量（比如药物滥用、过去的人生经历）和环境变量（比如社会隔离）（Block & Sinnott，1979；Philips，1983）。老年人对照料者的依赖可能导致照料者的压力和挫折感，加剧照顾负担，导致照料者进一步的虐待行为（Burnight & Mosqueda，2011）。传统观点、儿童虐待相关文献以及减压干预的应用奠定了情境模型的理论基础（Pillemer & Wolf，1986）。在情境模型的指导下，应防止或干预与照顾负担有关的照料者情境压力，并通过提供诸如喘息照料之类的服务来减少老年虐待/忽视的风险。尽管减少护理压力是非常可行的，但是专业服务人员很难干预其他风险因素，比如之前的创伤经历和药物滥用。

大量的文献认为，照料者的压力、老年人的依赖性以及社会孤立是老年虐待/忽视潜在的风险因素，尽管并没有将其作为情境模型，但为其提供了经验支持（例如：Phillips，1983；Acierno et al.，2010；Dong，Simon 和 Evans，2009；Burnight 和 Mosqueda，2011）。然而，有些人不同意这种说法，即照料者的压力和老年人的依赖性是老年虐待/忽视潜在的风险因素。大多数的案例比较研究没有发现老年人的依赖性更高，或是施虐者的照顾压力（Lachs & Pillemer，2004）。这种情境模型也无法解释为什么一些有压力的照料者从没有过老年虐待/忽视行为（Tomita，1990）。其他批评人士认为，这种情景模式使施虐者合法化，并且是“指责受害者”的（Burnight & Mosqueda，2011）。虽然情境模型是有争议的，但可以在未来的老年虐待/忽视研究中包含和评估情境变量。

第二节　社会交换理论

社会交换理论解释了人与人之间的相互作用（Emerson，1976）。20 世纪 50 年代，George Homans 将社会行为解释为物质（比如金钱）和非物质（比如声望）产品之间的交换。这个交换遵循“分配正义的法则”，即报酬与成本之间的平衡（Pillemer & Wolf，1986）。最著名的交换规则之一是“互惠原则”（Gouldner，1960），“这意味着关系中的每个人对其他人都有权利和义务，而交换商品和服务的模式是双方都满意的”（Pillemer & Wolf，1986：203）。然而，在互惠原则的应用中，存在个人和文化差异（Cropanzano &

Mitchell，2005）。例如，亲密关系的程度可能会影响“人们对非互惠时间”的容忍度，以及对“长期公平交换”的信任（Pillemer & Wolf，1986：71）。然而，单靠互惠原则无法解释个体之间复杂的相互作用。值得一提的是，人们也会表现奉行一致的原则。这意味着，某种关系的成员应该“得到尽可能多的帮助，而不需要担心自己在这段关系中投资的回报”（Pillemer & Wolf，1986：68）。在不同关系中，个人在互惠原则和团结一致原则之间相互冲突，也在互惠和团结一致原则中寻求平衡（Schwartz & Merten，1980）。

Dowd（1975）第一个在老龄化领域中应用社会交换理论，并认为老龄化问题是“资源减少的问题”。老年人缺乏维持平衡关系的能力，这种能力可以导致他人的优势地位。拥有优势地位的人（比如照料者）可能做出操纵依赖者的行为，并认为这种不公正行为的成本是低廉的（Burnight & Mosqueda，2011）。为了维持照料者对自身的支持行为，老年人可能依靠早前生活积累的“信誉”，并且“显示更多的被动和遵从性以及更加退缩的行为，避免疏远剩下的少数几个可以提供回报和服务的人”（Pillemer & Wolf，1986：204）。照料者和老年人对过去经验（信用与债务）的看法影响他们对虐待行为的判断，这部分受到了一项对虐待和非虐待照料者研究的支持。照料者的管理策略和角色信念，受到对被照料者过去表现的印象的强烈影响（Phillips & Rempusheski，1986）。

虽然社会交换理论的解释性价值已经在老龄化研究中被见证，研究者仍应当警惕，老年虐待/忽视的施虐者往往在各种方面依赖受害者（Wolf，Strugnell & Godkin，1982；Hwalek & Sengstock，1986），这受到了关于施虐者对受害者经济依赖的报告的支持（Wolf，Strugnell & Godkin，1982；Hwalek & Sengstock，1986）。如果与老年受害者分离，施虐者更有可能受到经济上的伤害（Pillemer，1985）。在一些极端的情况下，残疾的被照料者对那些在经济上、情感上或身体上支持他们的老年人进行了虐待（Pillemer，1985）。可能的原因是，暴力被用来补偿施虐者的“无能为力”。施虐者缺乏资源，因此虐待老人以“恢复权力”（Pillemer，1985）。

第三节 社会文化健康信念模型

新设计的社会文化健康信念模型（Sociocultural Health Belief Model，SHBM；Sayegh & Knight，2013）来源于健康信念模型（Health Belief Model，HBM；Rosenstock，Stretcher & Becker，1988）。SHBM 提供了一种概念模型，解释少数族裔群体老人的正式求助行为，并强调文化融入和以家庭为中心的文化变量（例如孝道）对人们关于疾病的传统看法（traditional belief）和科学知识（scientific knowledge）的影响。尤其是在亚洲集体主义文化中，与精神疾病有关的羞耻感和污名化，可能会阻碍人们正式的求助行为（Jones，Chow & Gatz，2006）。本书不会深入探讨美籍华裔老年人的求助行为；而是重点体现该模型所提出的文化融入和以家庭为中心的文化变量。

第四节 生态理论

生态理论侧重于人际关系和社会文化变量，为本研究提供了理论框架。生态理论强调个体与环境之间的相互作用，把生态环境视为一种嵌套结构，每个内层都嵌套在外层之中（Bronfenbrenner，1977）。这一理论最初在亲密伴侣暴力的研究中被引入，以探讨微观系统、中观系统、中宏观系统和宏观系统中虐待的潜在原因。微观系统指人之间有直接的接触环境（比如家庭照料者）；中观系统指微观系统的相互关系（比如家庭照料者和健康专业人士的相互关系）；中宏观系统是指间接地影响了中观系统的特定社会结构（比如地方、州和联邦政府）；而宏观系统指的是不明确的，影响个人的社会和文化因素。Kosberg 和 Nahmiash（1996）认为老年虐待/忽视的研究应该超越受害者和施虐者个人特征，因为没有一个单一的风险因素可以全面解释老年虐待/忽视问题，Kosberg 和 Nahmiash（1996）首先提出一个概念模型来分析更广阔的社会文化背景下的老年虐待/忽视。

Schiamberg 和 Gans（2000）跟随 Kosberg 和 Nahmisash 的步伐，将生态理论引入老年虐待/忽视研究中，不同于之前集中在个人层面的生态理论视角，他们开发的模型着重父母－成年子女的配对（以下简称老年虐待/忽视模型）。在四种嵌套的生态系统中，风险因素交织在一起，解释家庭环境中的老年虐待/忽视，因为它关系到微观、中观、中宏观和宏观系统（Schiamberg & Gans，2000）。在老年虐待/忽视研究的背景下，微观系统指的是老年人直接联系的部分。例如，家庭成员、亲密的朋友和专业服务人员都是微系统的一部分。中观系统指的是微观系统间的交互作用，如老年人和成年子女之间的关系。中宏观系统间接影响老年人，例如，家庭照料者的不良健康状况可能会增加看护负担，从而增加老年虐待/忽视出现的风险。宏观系统是指“对老年人和他们的家庭有影响的社会意识形态和文化价值”（Parra－Cardona，Meyer，Schiamberg & Post，2007：453）。在嵌套生态系统中，风险性/保护性因素之间的相互作用可能影响老年虐待/忽视；因此，针对单个风险因素或单一行为人（受害者或犯罪者）的干预措施，不太可能成功解决老年虐待/忽视问题。

Parra - Cardona 和同事们（2007）进一步应用了生态理论来研究拉美裔老年人，提出一种社会文化的理论模型来理解这个少数群体中的老年虐待/忽视（以下称为拉美裔老年虐待/忽视模型）。年长的受害者、家庭施虐者，是了解拉美家庭老年虐待/忽视微观系统中的两个核心部分。家庭在微观系统中被列为一个研究单位，因为在拉美文化中，"家庭主义"或家庭凝聚力的重要性、家庭义务非常受重视（Falicov，1998）。拉美老年虐待/忽视模型总结了拉美裔老年人和施虐者的个人风险因素（微系统），这在以往的老年虐待/忽视研究中较普遍，并且增加了拉美家庭的风险因素，比如微观系统中"家庭对美国正式机构的不信任"（Parra - Cardona et al.，2007：457）。在中观系统/中宏观系统中，理论模型显示，缺乏社会支持（制度支持和家庭支持）和缺乏法律地位是拉美裔老年人老年虐待/忽视的潜在风险因素。拉美移民老年人可能无法获得正式的服务，而且严重依赖核心和外延家庭的非正式支持。当拉美裔老年人有交通和语言障碍时，对家庭成员的依赖可能会更加严重（Beyene et al.，2002）。老年人的依赖性可能会增加看护压力和负担，从而加大老年虐待/忽视的风险。拉美文化变量也在宏观系统中有所显示。老年虐待/忽视保护性文化因素包括"家庭主义"（强调家庭凝聚力）和"集体主义"（社区意识）；老年虐待/忽视的风险文化因素包括"消极的男性主义"（男性主导和女性的屈服）（Nerenberg，2002）。

生态理论的全面性有助于确定所有可能与老年虐待/忽视相关的因素。它有助于超越关注个人风险因素的传统，扩展到中观和宏观层面的风险因素。然而，生态理论"不构成任何特定假设"以供检验（Burnight & Mosqueda，2011：17）。在实证研究中，关注生态系统中一个或两个维度，探索子模型的相关因素的相互作用更可行。此外，考虑到施虐者不可及，把重点放在老年人身上更容易操作（Choi & Mayer，2000）。

在生态理论的指导下，拉美老年虐待/忽视模型告诉我们，拉美裔和华裔群体可能有相似的移民经验和文化价值观。移民给这两个少数族裔群体家庭都带来文化冲突，比如文化压力和代际文化分歧（Mui & Kang，2006；Lim，Yeh，Liang，Lau & McCabe，2008）。虽然拉美裔和华裔美国人在移民史和社会经济地位上有着巨大的差异，但是两个群体都重视家庭凝聚力和“在多代家庭中照顾老年人的责任感”（Guo，Li，Liu & Sun，2015：214）。拉美文化中的家庭主义和中国文化中的孝道是相似的文化信仰，它们都强调家庭凝聚力和家庭责任。家庭主义是拉美社会的核心社会文化规范（Bermudez，Kirkpatrick，Hecker & Torres - Robles，2010），而孝道是中国儒家思想中的核心部分（Yee，Debaryshe，Yuen，Kim & McCubbin，2007）。此外，这两个文化群体也严重依赖家庭支持而不是制度上的支持，因为文化强调家庭内部相互依靠，而且缺乏正式服务的渠道，尤其是当移民老人缺乏交通和英语能力时，更是如此（Goebert，2009；Guo et al.，2015）。考虑到这两个文化群体之间的相似点，小幅度修订后，拉美裔老年虐待/忽视模型可能适用于美籍华人。

第五节　研究问题和假设

基于对生态理论、应用模型和实证研究的文献回顾，本书提出两个研究问题：(1) 美籍华裔老年人中家庭成员实施老年虐待/忽视的普遍程度是怎样（一般意义上的老年虐待/忽视、老年虐待、老年忽视）的。(2) 风险性/保护性因素（尤其是社会文化因素）和老年虐待/忽视（一般意义上的老年虐待/忽视、老年虐待、老年忽视）之间的关系如何。

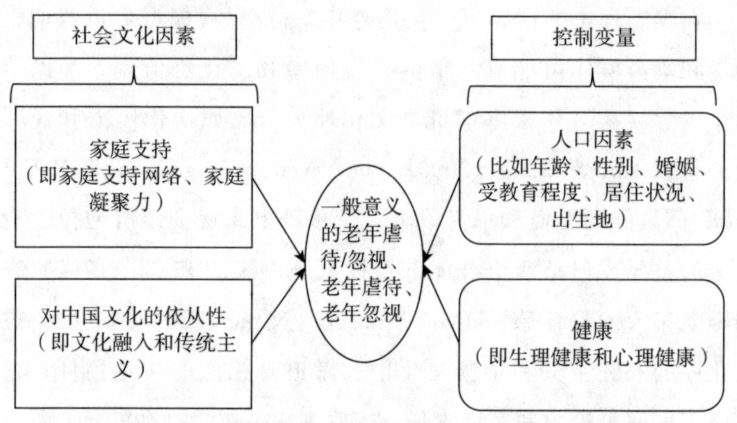

图 3－1　理解美籍华裔老年人的老年虐待/忽视社会文化模型

由于时间和预算的限制，本研究从美籍华裔老年人角度，而非受害者－犯罪者双重角度，来了解老年虐待/忽视和相关因素（见图 3－1）。作者在中观－中宏观系统中选择家庭支持变量，在宏观系统中选择文化变量来了解老年虐待/忽视现象，同时控制个体风险因素层面对老年人的影响（比如性别和年龄）。家庭支持之所以被选中，是因为“中国文化传统上定义了个人在与他人的关系中所扮演的角色和责任”（Dong，Chang，Wong & Simon，2012：3）。特别是与子女、配偶和兄弟姐妹的关系，它们构成了中国人的“五伦”中的三种。在儒家学说的影响下，“五伦”在社会生活中扮演着重要角色，并将人们联系在一起。拉美老年虐待/忽视模型显示“家庭主义”、“集体主义”和“男性主义”对老年虐待/忽视的影响，而本研究使用两个量表来评估老年人对中国文化（包括孝道和性别角色）的坚持和对美国文化的认同（包括语言偏好、社会活动和社会习俗）。此外，这项研究从两个方面测量家庭支持，加强了拉美老年虐待/忽视模型的解释力（感知到可用性和重要性）。未来的研究可能包括与老年虐待/忽视犯罪者和中国家庭相关的风险/保护性因素（比如家庭对官方的态度）。

拉美老年虐待/忽视模型显示了社会文化因素与老年虐待/忽视的联系：非正式支持和强调家庭和社区的文化观点（比如拉美文化中的“家庭主义”和“集体主义”）是老年虐待/忽视的保护性因素。同样，家庭支持和家庭取向的中国文化（比如“孝道”和相互依靠）可能是美籍华裔老年人老年虐待/忽视的保护因素。家庭支持网络的规模可能会影响非正式资源的可得性，进而影响老年人对家庭成员的依赖。然而，非正式网络的可得性并不一定意味着老年人对家庭支持的高度评价。它的重要性取决于家庭系统内的凝聚力水平。文化融入变量评估老年人对美国价值体系的同化水平，而传统主义变量则评估老年人对中国传统文化的坚持。更传统的华裔老人可能有更高的相互依靠程度，更强调家庭中的养老义务，这可能使华裔家庭中老年虐待/忽视的风险更低。文化融入程度高的华裔老年人可能更重视家庭生活中的独立性（相对于相互依靠）和自我照顾，这可能在老人身心健康程度低的时候增加老年虐待/忽视的风险。本书从文化和法律视角出发，考虑华裔老年人中的老年虐待/忽视问题及其相关因素。一般意义上的老年虐待/忽视、经济虐待、情感虐待、身体虐待和老年忽视的发生率得到检验；一般意义上的老年虐待/忽视、老年虐待（比如经济、情感和身体虐待）和老年忽视的风险因素得到测试。然而，本书中并非对每种老年虐待/忽视类型的风险因素都进行探索，因为本书的样本较小，没有足够的统计功效（statistical power）发现显著关联。

在上述研究问题（2）中，本书提出以下假设来检验社会文化因素和老年虐待/忽视（一般意义的老年虐待/忽视、老年虐待和老年忽视）之间的联系。

假设1（a）：华裔老年人家庭支持的重要性（比如更加强调家庭凝聚力）与老年虐待/忽视呈负相关。

假设1（b）：华裔老年人家庭支持的可得性（比如更大的家庭支持网络）与老年虐待/忽视呈负相关。

假设2（a）：华裔老年人对中国文化的依从性（比如更高程度的传统主义）与老年虐待/忽视呈负相关。

假设2（b）：华裔老年人对美国文化的融入度（比如更高程度的文化融入）与老年虐待/忽视呈正相关。

假设1（a）和假设1（b）检测家庭支持对老年虐待/忽视的保护作用，而假设2（a）和假设2（b）检测中国传统文化（主要是孝道）对老年虐待/忽视的保护作用。相应设计的研究方法将在下一章节详述。

第四章 华裔老年虐待/忽视研究的二阶段研究方法

本书以定量研究为主，定性研究为辅，探索华裔家庭中老年虐待/忽视的发生率和相关因素。笔者先进行四组焦点小组访谈，为主要的数据搜集方法——老人自填问卷调查做准备。以定量研究为主的原因如下：第一，用定量研究方法能探讨老年虐待/忽视的发生率以及相关因素，特别是明确文化变量和老年虐待/忽视之间关系的方向和强度，能够回答本书的两个研究问题。虽然定性研究方法能够探索相关因素，但这些方法不能可靠测量关键类别或概念之间关系的强度，而这些测量可以用相关分析等定量研究方法完成（Castro，Kellison，Boyd & Kopak，2010）。第二，使用定量研究方法能检测社会文化变量对老年虐待/忽视的影响，并且控制其他变量的影响。

第一节 定性研究方法（第一阶段）

第一阶段，作者进行了四组焦点小组访谈（三个普通话组和一个粤语组），以确保接下来问卷中的问题在文化上和语言上是适当的。焦点小组成员在种族、文化和年龄上具有相似性，有些华裔老人来自粤语方言区，不会讲普通话，因此焦点小组中有专门的老年虐待/忽视案例展示，呈现丰富、具体的讨论，从而帮助华裔老人理解老年虐待/忽视现象。在第一阶段的焦点小组讨论中，老人都用假名，并在桌上放有写有自己假名的名牌，以保护老人隐私。笔者草拟的老年虐待/忽视评估量表选自已有的标准化量表，例如 CTS 和 CTS 2（Straus，1979；Straus，Hamby，Boney - McCoy & Sugarman，1996）、Acierno 的全国性调查问卷（2010）和 Dong 的老年虐待/忽视问卷（例如：Dong，2014；Dong，Simon 和 Gorbien，2007）（见附录），作者的量表草稿在焦点小组中读给老人，以确保语言恰当、测量精准。焦点小组成员仅包括能够用中文交流的华裔老人。尽管部分华裔老人以英语为母语，但他们零星分布在凤凰城市区，并未积极参加华人社区活动，招募他们难度较大。

考虑到小组成员很可能耻于谈论自己亲身经历的老年虐待/忽视，为促进焦点小组讨论，笔者虚构了一些有关身体虐待、情感虐待、经济虐待和老年忽视的案例，供老人们讨论。这些虚构的案例尤其适合本研究，因为它们能让老年虐待/忽视问题显得不那么敏感，让受访者产生距离感，避免对受访者可能造成的伤害（Hughes & Huby，2002：384）。

一 定性数据抽样和被访者

“最大差异抽样”方法被用于华裔老年人中以“捕获异质性”（Padgett，2008）。在这项研究中，有三个普通话焦点小组和一个粤语焦点小组。每个焦点小组由 6 名华裔美籍老年人组成。在每个焦点小组中，确保焦点小组成员的性别差异和受教育程度的差异性。为使样本更具代表性，笔者查阅之前在凤凰城的一个大型抽样调查（$N=385$）的资料（Sun，Gao & Coon，2013）。大约 65%

的参与者是女性；1/3 是大学本科或以上学历；1/3 的人接受过高中或以下教育。同样，在这项研究中，每一个焦点小组（$N=6$）至少有 3 名老年妇女、1～2 名高中教育程度以下的老年人、1～2 名高中教育程度或上过几年大学的老年人，以及 1～2 名大学本科教育程度（或具有更高教育水平）的老年人。

二　焦点小组收集定性数据

焦点小组成员（每组 6 人）通过笔者的关系网络招募。美国凤凰城纪念大厦是一座主要为华裔美籍老年人提供服务的老年公寓，笔者在此处的志愿者经历帮助笔者和公寓经理、华裔老年居民之间建立了信任和联系。尽管在中国文化中，老年虐待/忽视是一个敏感的话题，但焦点小组已经成功地在芝加哥的华裔老年人中开展了对老年虐待/忽视的探索（Dong et al.，2011）。受访者被要求分享他们对老年虐待/忽视及其相关影响因素的观点，并提供对量表初稿的反馈（见附录 A 和附录 B）。他们对问题的回应有助于调查问卷的改进，特别是有助于老年虐待/忽视评估量表的修订。为促进焦点小组讨论，笔者给华裔美籍老年人展示了四个与身体虐待、情感虐待、经济虐待和老年忽视相关的虚构案例（见附录 C 和附录 D），以方便老年人自由地分享他们对四个虚构案例的思考。访谈者提醒老人传统文化中的不当行为和真正的虐待行为之间的差异，并询问他们老年虐待/忽视评估量表中的问题是否足够严重到被标识为虐待行为。每个焦点小组大约耗时一个半小时完成。2014 年 12 月，所有的焦点小组访谈在两栋主要为华裔美籍老年人提供服务的老年公寓中完成。所有焦点小组成员都收到实物礼品（例如洗发水和肥皂）作为回报。

三 定性数据的内容分析

焦点小组的访谈被录音并转录，以进行数据分析。“定向内容分析”（directed content analysis）被用来研究华裔美籍老年人中老年虐待/忽视的定义、种类和指标。“定向内容分析”与传统的内容分析不同，它的初步编码分类不是直接来自原始数据，而是来自以前的理论或研究。当“现有的理论或已有研究不充分或不完整，有待进一步研究”时，“定向内容分析”才是恰当的（Hsieh & Shannon，2005：1281）。通过对老年虐待/忽视领域的现有理论和实证研究的梳理，笔者首先确定高层级的主旨，包括转录稿中的情感虐待、身体虐待、经济虐待和老年忽视（Hickey & Kipping，1996）。在每个高层级主旨（即特定类型的老年虐待/忽视）下，笔者总结所有可能的低层级主旨或老年虐待/忽视指标。量表的指标来自量表初稿中小组成员部分同意的老年虐待/忽视评估指标，或是小组成员在讨论中新添的指标。对于不能划归在上述主旨或老年虐待/忽视类型中的指标，“被稍后分析，以确定它们是否代表一个新层级或次层级”（Hsieh & Shannon，2005：1282）。接下来，转录稿被重新仔细阅读，以审查讨论老年虐待/忽视指标的文本内容，来确定其适当性。语言或文化上不适当的指标被删除或作相应修改。在老年虐待/忽视讨论中最常被引用的指标被添加到后续调查中。第五章将详细讨论整个操作化的过程。

第二节 定量研究方法（第二阶段）

根据四个焦点小组的反馈，笔者对老年虐待/忽视的评估量表进行修订，以确保其文化和语言的适当性。最常提到的老年虐待/

忽视指标和风险因素被纳入调查问卷。修订后的问卷由三位博士学位论文指导委员会成员审核。在量表定稿之前，对六名华裔老人进行试调查。最终的调查问卷被分发给凤凰城的华裔老年人，以筛查老年虐待/忽视的发生率，明确相关因素（见图4－1）。总体而言，由老年人自行填写调查问卷，并非由访谈人员主导，可以保持安全的调研环境，以便完成老年虐待/忽视案例的报告。当然访谈者也会为那些读写能力有限或有视力问题的人读出问卷中的问题，以便完成调查问卷。调查问卷有中文和英文两个版本，访谈员能用普通话或粤语念出问卷，视调查对象的偏好而定。

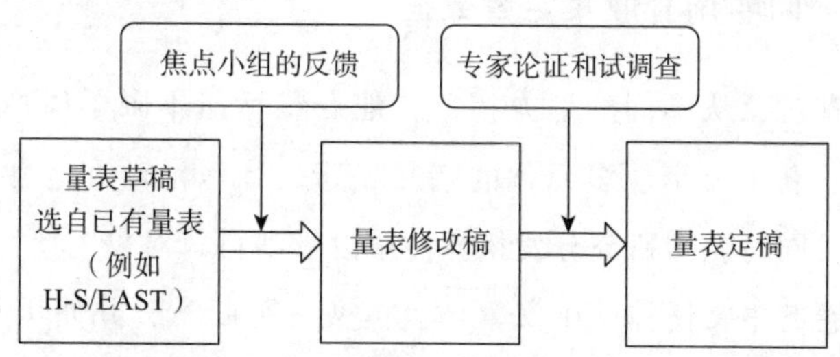

图4－1　老年虐待/忽视评估量表的发展过程

一　定量数据抽样和调查对象

在没有抽样框的情况下，本研究使用目的抽样来招募华裔美籍老年人。对于这样一个难以接触到的人群，目的抽样是合适的（Tongco，2007）。本研究中，要求调查对象年满60岁；自我认同为华裔；能够用英语、普通话或粤语交流；生活在凤凰城市区的居民区，包括凤凰城和周围七个最大的城市：Tempe、Scottsdale、Chandler、Glendale、Mesa、Peoria和Gilbert，距凤凰城车程在一小时之内。在本研究中，“民族”的概念是基于老年人的自我认同，因为个人的文化和历史背景都可能导致其对“民族”的认同（Kosberg，Lowenstein，Garcia & Biggs，2003）。本研究的样本量为

266。根据常用的经验法则，为保证逻辑斯蒂回归的统计效力，每个自变量至少需要 10 个“事件”（即检测到的老年虐待/忽视案例），这被认为是非常保守的（Vittinghoff & McCulloch，2007）。在本研究中，根据以往文献（Dong，Simon & Gorbien，2007；Dong，2014）的建议，大约 8 个自变量需要输入逻辑斯蒂回归模型中，而华裔老年人的老年虐待/忽视发生率约为 30%（从 24% 到 35%）。一个 266 的样本量，足以检测出这项研究中有统计学意义的差异。

二 问卷调查收集定量数据

调查对象从不同的地方招募，地点包括但不限于凤凰城的老年中心、老年公寓、多元化的宗教场所、社区活动和老年人社交俱乐部。同时，本研究分发招募传单以吸纳自荐对象。

问卷有中文简体、中文繁体、英文三个版本，并使用翻译/回译过程，以确保问卷在不同的语言中具有相同的意义。笔者确保焦点小组和问卷调查中的所有研究对象阅读过由亚利桑那州立大学伦理审查委员会（IRB）批准的中英文知情同意书。在 2014 年 12 月至 2015 年 4 月期间，笔者在试调查（$N = 6$）之后，收集到 266 份有效问卷。所有的访谈都是在调查对象的家中、老年中心或其他调查对象建议的地点，以中文或英语进行。调查问卷匿名完成，每份问卷耗时大约 35 分钟。所有调查对象都收到实物礼品（例如洗发水和肥皂）作为鼓励。

1. 老年虐待/忽视评估量表

评估量表包括针对每一种老年虐待/忽视类型（即身体、情感、经济虐待和老年忽视）的四个分量表。问题从广泛使用的 CTS2 量表（Straus，Hamby，Boney - McCoy & Sugarman，1996）、

H－S/EAST 量表（Hwalek & Sengstock，1986）、在全美研究中验证过的量表（Acierno et al.，2010）以及在 Dong 的研究中验证的量表（例如：Dong，2014；Dong，Simon 和 Gorbien，2007）中选取。从上述量表选出的问题首先在焦点小组讨论中进行验证，然后再对六位华裔美籍老年人进行试调查。经济虐待的部分指标是通过焦点小组讨论得出的，比如“有没有家人拒绝归还他/她帮助看管的财产”。部分指标是选自 H－S/EAST 量表中的问题，例如“是否有人在不经过你的同意时拿走了属于你的东西”用于评估情感虐待的指标来自由 Acierno 和同事们（2010）验证的量表，以及 CTS2——在亲密伴侣暴力和老年虐待/忽视领域使用最广泛的量表（Straus & Douglas，2004；Sooryanarayana，Choo & Hairi，2013）。比如，“有没有家人威胁过要打你或朝你扔东西”。用于评估身体虐待的问题来自由 Acierno 和他的同事们（2010）验证的量表，比如“有没有家人试图通过绑住你，或者把你锁在你的房间或房子里来限制你”。用于衡量老年忽视的问题来自焦点小组讨论，比如“有没有家人在你需要的时候，或甚至是你要求的时候，拒绝帮你支付医药费、房租或食物”。来自在南京验证的量表，比如“有没有家人曾在诊所、医院或其他公共场所遗弃你”。上述测量老年忽视的指标是具有中国传统文化特色的，能捕捉到那些文化特征明显的老年虐待/忽视案例。调查对象被问及在过去的一年里，是否发生过这些情况（是/否）。当调查对象对一个或多个分量表的问题作出“是”回答时，我们就算作老年虐待/忽视发生了。老年虐待/忽视评估量表采用二分量表（1＝老年虐待/忽视发生，0＝没有老年虐待/忽视发生），并用于二元逻辑斯蒂回归。

2. 自变量

收集人口信息，包括年龄、性别、婚姻状况、受教育程度、居住状况、出生国家、子女数量、绝对收入和收入足够程度（income adequacy）。

身体健康由日常生活能力量表（ADL）（Katz et al.，1963）和工具性日常生活能力量表（IADL）（Lawton & Brody，1969）评估。ADL和IADL量表被广泛用于测量老人自理能力。不同的是，IADL量表评估的日常任务（例如购物和洗衣服）比ADL量表（例如饮食和洗澡）更复杂。ADL和IADL量表的得分被分别计算，分数越高表明自理能力越强。

流行病学研究中心抑郁量表（CES-D）用12项指标评估老年人的抑郁程度，并且其效度在美籍华裔中得到确认（Ying，2006）。调查对象在四分李克特量表（从1=经常到4=从不）上打分，分数越高表明抑郁程度越高。

3. 家庭支持变量

家庭支持网络使用3项指标进行评估，来自Lubben社会网络量表（Lubben Social network Scale，LSNS）（Lubben & Gironda，2000；Lubben et al.，2006），它已在香港（Chi & Chou，2001）的老年人和凤凰城（Sun，Gao & Coon，2013）的华裔老年人中得到验证。调查对象被问及支持他们的亲戚的数量，比如“你觉得有多少亲戚是亲近的，并且你可以求助于他们”，可能的得分范围是0到5分，得分越高表明家庭支持网络越大。

家庭凝聚力量表选自“跨文化（中国人）个性测量表-2”（CPAI-2）（Cheung et al.，1996；Cheung，Leung，Song & Zhang，2001）中的10个问题。问卷中要求调查对象报告是否同意关于家庭成员重要性的陈述（例如：“我经常与家庭成员发生严重的意见冲突”）（是/否）。CPAI-2的英文和中文版本均已得到验证（Cheung et al.，1996；Cheung et al.，2003）。分数越高表明家庭凝聚力越强。

4. 文化变量

华裔老人对美国的文化融入是通过“文化融入量表”测量的，并已经在美籍华裔中得到验证（Gupta & Yick，2001）。10 项问题构成的文化融入量表使用五分李克特量表（1 = 完全不同意，5 = 完全同意），评估老人在语言、社会活动和社会习俗的偏好。总分在 10 ~ 50 分之间，分数越高表明文化融入程度越高。

传统主义——对中国传统文化价值的接受度，是由 6 项与老年调查对象最为相关的指标来评估的，来源于 CPAI - 2 传统性 - 现代性量表（CPAI - 2 Traditionality - Modernity），并且得到 CPAI - 2 量表作者授权（Cheung et al.，1996；Cheung，Leung，Song & Zhang，2001）。调查对象被问及是否同意中国传统文化观念（比如“家庭关系”和“等级秩序”）（调查对象只需回答是或者否）。CPAI - 2 的中英文版本已经得到验证（Cheung et al，1996；Cheung et al.，2003）。分数越高表明个体的现代化程度越高，传统性程度越低。

三　定量数据的统计分析

本书的调查数据使用 SPSS 22 进行分析。首先，随机的缺失值用平均数代替。非随机的缺失值没有被处理，因为非随机缺失值的变量主要是起到描述人口信息的作用。其次，对量表的内部一致性进行评估。最后，创建一个虚拟变量来表示老年虐待/忽视的发生率，即因变量。在老年虐待/忽视评估量表中对一个或多个项目作出肯定回答的人被编码为 1，否则被编码为 0。笔者承认，二分打分法可以减小因变量（老年虐待/忽视发生率）的方差。然而，如果当作连续变量并用作线性回归，因变量斜率会很高，不符合正态分布的假设。同样的，作者还创建了两个虚拟变量来表示老年虐待的发生率（包括身体、情感和经济上的虐待）以及老年忽视的发生率。

描述统计用于描述一般意义上的老年虐待/忽视以及每种类型在样本中的发生率。双变量分析，包括斯皮尔曼回归和卡方检验，对二元变量层面之间的关联进行检验，并指出自变量间可能的共线性问题。同时对上述两个假设进行了逻辑斯蒂回归分析。并输入假设中提到的人口变量、抑郁程度和主要的自变量（比如家庭支持变量和文化变量）。笔者确保在逻辑斯蒂回归中只有 8 个自变量，因为样本量是根据这个假设来计算的，以确保足够的统计效力。4 个逻辑斯蒂回归模型用于检验主要自变量对老年虐待/忽视发生率（二元因变量）的影响，同时控制老年人的人口信息和健康状况。在模型 1 和模型 2 中，为检测假设 1，分别输入家庭支持变量（即家庭支持网络和家庭凝聚力）。同样的，为了检测假设 2，在模型 3 和模型 4 中分别输入文化变量（即文化融入和传统主义）。为检验风险因素（自变量）与老年虐待/忽视（因变量）之间的关系，进行了类似的逻辑斯蒂回归分析，并报告模型拟合度。

四　伦理问题

本研究获得亚利桑那州立大学伦理审查委员会（IRB）的批准（STUDY00001515）。笔者为焦点小组和问卷调查对象朗读知情同意书（英文、中文）。调查对象有权拒绝参加或随时停止访谈。调查对象的参与并没有可预见的风险；然而，如果调查对象在透露他们的老年虐待/忽视经历时感到不舒服，他们就有权利中止访谈。

由于使用假名，本研究收集的数据不会泄露个人信息。在文本、数据分析和报告中不会使用调查对象的真名。访谈记录和调查数据存储在有密码保护的计算机上，只有笔者有权访问。在任何情况下，都不会将研究对象的个人资料发布给其他人或用于其他目的。然而，调查对象会事先得到通知，正在发生的老年虐待/忽视案例（不是去年的老年虐待/忽视案例）会被报告给美国当局，因为在美国，社会工作者是老年虐待强制汇报者。在这项研究中，笔者没有报告或观察到正在发生的老年虐待/忽视案例。另外，为每个调查对象或任何感兴趣的人都提供一份老年保护资源清单（例如，美国成人保护服务热线）。

第五章　华裔老年虐待/忽视研究数据结果

第一节　定性研究结论（第一阶段）

在第一阶段，焦点小组包括三个普通话小组和一个粤语小组，以确保随后的调查问题在文化和语言上的适当性。表 5－1 显示了 25 个焦点小组成员的基本特征。访谈者提醒组员，对文化上的不当行为和虐待性行为要进行区分。

焦点小组成员的平均年龄为 75 岁（SD = 6.71）。超过 60% 的组员是女性；平均子女数量是两个半；大约一半的参与者受教育水平在高中以下；1/3 的组员独自居住；约 15% 健康水平偏低（表 5－1）。所有焦点小组成员都不是在美国出生，居住在美国约 16 年。在焦点小组讨论中，笔者没有招募任何在美国出生的华裔美籍老年人，因为他们不太可能与其他调查对象用普通话或粤语交流。

表 5－1　焦点小组成员基本特征（$N = 25$）

变量	频数（%）或平均数（SD）
年龄	75.08（SD = 6.81）
女性	16（64%）
子女数量	2.40（SD = 1.25）

续表

变量	频数（%）或平均数（SD）
受教育程度	
小学或以下	4（15.4%）
初中	4（16.2%）
高中	5（16.5%）
大专或职业技术学校	7（18.0%）
大学	3（26.7%）
硕士及以上	2（7.1%）
家庭月收入	
0~208 美元	9（31.2%）
209~416 美元	3（11.3%）
417~833 美元	7（27.1%）
834~1666 美元	2（8.3%）
1667~2499 美元	2（1.5%）
2500~3749 美元	1（3.8%）
3750 美元及以上	1（16.6%）
独居	8（33.8%）
自我健康评价	
很差	3（3.0%）
较差	2（13.2%）
普通	9（47.4%）
良好	6（26.7%）
很好	5（9.8%）
居住时间	16.04（SD=13.62）
美国出生	0

老年调查对象对老年虐待、老年忽视这些概念都不熟悉。当被问及他们对老年虐待/忽视的看法时，大多数调查对象认为虐待是一个很严重的词，只将“身体攻击”和“饿了不给东西吃”看

作老年虐待/忽视。当被问及在社区中老年虐待/忽视有多普遍时，调查对象否认他们周围出现了任何老年虐待/忽视案例。为促进焦点小组讨论，笔者提出了与身体、情感、经济虐待和老年忽视相关的虚拟案例（见附录C和附录D），以便调查对象分享他们对4个虚拟案例的思考。对于那些与身体虐待有关的虚拟案例，一些调查对象认为，案例中只有当张女士因为生病的丈夫心情不好，而导致她跌倒在地板上并受到伤害时，才会算作虐待。对于与情感虐待有关的虚拟案例，一些人评论说，尖叫在中国文化上是不合适的，但不够严重，不能被贴上情感虐待的标签。在自己的父亲面前尖叫或“大声喧哗”是不礼貌的、不孝顺的，但不是虐待。另一位调查对象补充说，只有当李先生的儿子对他大喊大叫，使他感到绝望的时候才会被算作情感虐待。一名调查对象评论说，她会容忍成年子女这样的行为。对于与经济虐待有关的虚拟案例，大多数调查对象都同意，不管目的是什么，小美都从她妈妈那里非法“偷走”了钱，但他们不会报告，因为“父母的钱和财产总会被孩子继承”。对于与老年忽视有关的虚拟案例，所有调查对象都认为子女不拜访或不打电话是虐待。根据组员对4个虚拟案例的反应，身体攻击是否造成伤害，以及口头攻击是否会导致严重的情绪后果，应该在修改量表中考虑。

为确保适当的措辞和涵盖所有可能的老年虐待/忽视指标，笔者向组员朗读了根据已有量表草拟的老年虐待/忽视评估量表初稿。与焦点小组的目的一致，访谈资料根据老年虐待/忽视的类型来整理。

一　身体虐待的指标

有组员回答说，原指标中“不让你起身”（holding you down）

这个英文词组令人费解，原指标中对身体伤害程度（如割伤、擦伤或其他伤痕）举例过于详细，组员建议用中文简单句。对于第三个指标，“用武器攻击”和“用手/物体攻击”都可以算作第二个指标提到的“身体攻击”，组员认为是多余的和不必要的。所有相应的更改都列在表5－2中。

表5－2　身体虐待指标

身体虐待指标（初稿）	缩写	相应更改
#1 有没有家人试图通过不让你起身、绑住你，或者把你锁在你的房间或房子里来限制你？	身体限制	删除“不让你起身”
#2 有没有家人对你进行身体上的攻击，以至于你遭受了一定程度的伤害，包括割伤、擦伤或其他伤痕？	身体攻击	删除“割伤、擦伤或其他伤痕”
#3 有没有家人曾经用手或物体打过你、扇过你，或者用武器威胁你？	武器攻击	删除整个问题

二　情感虐待的指标

组员评论说，第一个指标太冗长：“感觉害怕”类似于“感觉受到威胁”。对于第二个指标，“毁坏东西”在文化上被认为是不恰当或不孝顺的，但不是虐待。“毁坏东西”是表达愤怒的一种不礼貌的方式，但不够严重，不能被贴上虐待的标签。因此，第二个指标被删除。第三个指标是不合适的，因为不是所有涉及“骚扰和胁迫”的情况都是虐待。一些组员回答道，“只有强迫离开家或搬到其他地方是虐待”。有一名组员补充说，子女们可能会强行或反复地要求年老的父母做些事情，因为年青一代和老一辈人的生活方式和习惯是不同的，这是可以理解和接受的。调查对象一致认为“身体上的威胁”是衡量情感虐待的一个很好的指标，但“与家庭成员相处不愉快”并不是，因为“很难分辨出谁是一个不和谐的家庭关系中的受害者”，尤其是“当一个儿媳与她的婆婆相处不好的时候”。一名调查对象补充道，“子女也可能会感受到来自父母的情感虐待”。第五个指标相对薄弱，最终从问卷中删除。所有相应的更改都列在表 5 - 3 中。

表 5 - 3　情感虐待指标

情感虐待指标（初稿）	缩写	相应更改
#1 有没有家人用言语攻击、责骂或对你大喊大叫，以至于你对自身安全感到害怕、感觉受到威胁或恐惧?	言语攻击	删除“对自身安全”，增加“感到绝望”
#2 有没有家人毁坏过你的东西?	毁坏东西	删除整个问题
#3 有没有家人曾强行或多次要求你做某事，以至于你感到被骚扰或被迫做违背你意愿的事?	骚扰和胁迫	“有没有家人曾强行或多次要求你离开家或强迫你住在辅助生活机构”
#4 有没有家人威胁要打你或向你扔东西?	身体威胁	—
#5 你是否和你的家庭成员相处不愉快?	家庭相处不愉快	删除整个问题

三　经济虐待的指标

组员回答道，“未经同意拿走你的东西”既是法律上又是文化上的虐待。组员们对第二个指标的态度很复杂。一些人说，“商品交换服务”能否被描述为虐待取决于双方的经济状况。“如果年老的父母过着富裕的生活，而家庭成员生活在贫困之中，那么这个人要求经济回报就可以接受了。”有人评论说，这也取决于家庭成员是不是在美国出生的。在中国文化中，“商品交换服务”是不可接受的，但在美国文化中是可以接受的，就像“小费”是美国文化的一部分一样。“如果家庭成员是‘ABC’（American - born Chinese，美籍华裔的术语），商品交换服务是可以接受的。”另一名组员补充说，“商品交换服务”是不是虐待取决于“家庭成员是否在移民过程中为长者担保”。如果家庭成员是保证人，他就应该好好照顾老人，他的要求行为应该被认为是经济虐待。调查对象没有就第二个指标的适当性达成一致。笔者决定将其从调查问卷中删除，因为这个问题没有具体说明“服务”（比如日常看护或交通）或“商品”的种类（比如食物和现金），以及两者的经济状况。笔者对第三个指标进行了修订，以适应老年移民的需要。一些组员回应说，由于语言障碍和交通问题，大部分老年移民无法使用美国银行服务，因此将他们的钱以成年子女的名义存入美国银行。为了避免税收和其他费用，老年人可能会转移财产（比如公寓）或国内（比如大陆或越南）的储蓄，放在他们国内的成年子女处。老年人也可能要求成年子女代表他们领取养老金。老年移民最担心的是，他们在国内或美国的成年子女可能不会“归还”他们帮忙看管的财产/金钱。所有相应的更改都被列在表5－4中。

表5－4　经济虐待指标

经济虐待指标（初稿）	缩写	相应更改
#11 有没有家人不经过你的同意，拿走属于你的东西？	拿走所有物	—
#21 有没有家人要求用商品交换服务？	商品交换服务	删除整个问题
#31 有没有家人阻止你得到或知道你的钱？	阻止知情权	有没有家人拒绝归还你要求他们代领的钱、退休金或租金？

四　老年忽视的指标

一些组员回应说，只有在一个老人缺乏语言和身体能力，而去独自购物或独自去看医生的时候，“不共度时光”才是一个老年忽视的指标。另一位组员补充说，“不共度时光”在文化上是不合适的，但还不够严重，不能被贴上“老年忽视”的标签。例如，“我女儿忙于她的全职工作，她有三个孩子。如果她没有时间带我去购物或者去看医生，我可以接受。”由于以上原因，第一个指标是不恰当的老年忽视指标，因此从问卷中删除。几乎所有的调查对象都同意第二个指标“公开遗弃”是虐待，因此可能被定义为“老年忽视”。调查对象认为第三个指标非常令人困惑。经笔者阐释，“限制床头”（bed bounding）仍未被大多数女性组员认为是老年忽视。他们问，如果家庭成员强迫老人在床上休息，而老人又不知道他/她自己生病了怎么对待？第三个指标是不恰当的，因此被笔者删除了。随后笔者进一步探讨组员对老年忽视的认识，以及华裔社区的真实情况。有几位调查对象提到，在虚拟案例中，成年子女“不联系”是忽视。一个组员分享了他/她认为是老年忽视的真实案例，就像虚拟案例中的李先生一样，“一对老夫妇也移民到美国，应儿子的要求照顾孩子。几年后，孩子们长大了，儿子让老夫妇离开家。由于在美国没有银行账户或手头没有现金，这对夫妇要求儿子给他们买两张机票回中国，但遭到儿子的拒绝。这对夫妇不得不住在一个中国朋友的车库里，通过做家务来换取一个住处。儿子从那时起就再也没有联系过他们……在存够国际航班的钱（通过做家务）之后，这对夫妇立即飞回了中国”。

另一名组员也分享了他/她认为是老年忽视的真实案例。“我的朋友在她年老时移民到美国，与她的女儿团聚。她把几乎所有的积蓄都留给了在中国大陆的儿子。当我的朋友在美国病得很严重的时候，她没有医疗保险，要求她的女儿帮忙支付医疗费用，但被拒绝了。女儿抱怨说，她的弟弟是家庭中指定的、有义务照顾妈妈的人，也是继承人。我的朋友只好回到中国就医。”

这两种情况都使其他焦点小组成员产生共鸣，并在讨论中认为是老年忽视。“不联系”和“需要时不予帮助”被认为是老年忽视的指标，并被添加到评估量表中。所有相应的更改都列在表5－5中。

表5－5　老年忽视指标

老年忽视指标（初稿）	缩写	相应更改
#11 有没有家人不带你去购物或者去看医生？	不共度时光	—
#21 有没有家人把你一个人遗留在医院或者公共场合？	公开遗弃	—
#3 有没有家人强迫你待在床上或强行告诉你说自己生病了？	限制床头	删除整个问题
#4 有没有家人从没有探望过你？	不联系	—
#5 有没有家人在你需要的时候拒绝帮你付医疗费、付房租或买吃的，即便在你的请求之下？	需要时不予帮助	—

五　专家论证后的量表修改

修订后的版本提交给亚利桑那州立大学的三位博士学位论文委员会成员修改。该阶段讨论过程省略，表5－6只列出了相应的变化。

表5－6　专家论证后的量表修改

老年虐待/忽视（初稿）	缩写	相应更改
#1 有没有家人曾强行或多次要求你离开家或强迫你住在辅助生活机构？	离家	“有没有家人曾强行要求你离开家？”和“有没有家人强迫你住在辅助生活机构？”
#2 有没有家人不经过你的同意拿走属于你的东西？	拿走所属物	在“有没有家人”之后增加“曾经”
#3 有没有家人拒绝归还你要他保管的东西或财物？	拒绝归还	—
#4 有没有家人把你一个人遗留在医院或者公共场合？		在“有没有家人”之后增加“曾经”

六　基于试调查的量表修改

经过专家论证，修改后的问卷对6名华裔美籍老年人进行试调查。调查对象大部分时间都在填写抑郁量表、传统性量表和文化融入量表，只是快速浏览了老年虐待/忽视评估量表。在老人自填的问卷调查中，大部分缺失值存在于老年虐待/忽视筛查评估量表中。在笔者管理的调查中，从调查对象的手势（例如皱眉和挥手）和语言（例如“不！不!”）中，笔者认为他们急于否认老年虐待/忽视的发生和关于老年虐待/忽视的敏感问题。笔者重申美国相关伦理原则（例如保密原则、不对之前的老年虐待/忽视经历进行报告）和本研究的目的（例如保护老年人和防止虐待），劝说调查对象填写缺失值，或者耐心地回答调查的问题。为了尽量减少参与者的不适，减少问卷的长度和缺失值，在最终版的问卷调查中，省略了显示虐待经历频率的李克特量表。

当被问及“有没有家人强迫你住在辅助生活机构?”时，调查对象对“辅助生活机构”感到困惑，无法将之与老年公寓和养老院区分开。笔者用大约5分钟的时间来阐明这些差异。“有没有家人曾强行要求你离开家?”这个问题更适合居住在社区里的老人。考虑到采访的长度和对“辅助生活机构”一词的混淆，该指标从评估量表中删除。在试调查中，调查对象认为“共度时光”这一指标是不合适的，因为“不带老年人购物或看医生”只有在老年人缺乏语言或身体能力，或没有交通工具的情况下才是虐待。有一名调查对象问道“共度时光”是否包括“通过电话交谈”或“视频通话”，如果是的话，这个指标则只是重复“有没有家人从没有探望过你”。基于以上原因，从评估量表中删除“共度时光”这一指标。当被问及“有没有家人从没有探望过你”时，有一位调查对象说："我和我的丈夫、儿子、儿媳和孙子一起生活，我当然经常和我的亲密家庭成员接触。这个问题没有意义。"笔者对这一指标作了相应修订，为和家庭成员住在一起的老人补充了"或住在一起但对你很冷漠"。评估量表的所有相应变化列于表 5－7 中。由于版权原因，最终版的调查问卷没有附在书后。

表 5－7　基于试调查的量表修改（*N*＝6）

老年虐待/忽视（初稿）	缩写	相应更改
#1 有没有家人曾强行或多次要求你离开家或强迫你住在生活辅助机构？	限制于生活机构	删除整个问题
#2 有没有家人不经过你的同意拿走你的东西？	拿走所有物	在"有没有家人"之后增加"曾经"
#3 有没有家人带你去购物或者去看医生？	不共度时光	删除整个问题
#4 有没有家人从没有探望过你？	不联系	增加"或住在一起但对你很冷漠"
#5 有没有家人把你一个人遗留在医院或者公共场合？	公开的遗弃	在"有没有家人"之后增加"曾经"

第二节　定量研究结论（第二阶段）

在第二阶段，修订完成的调查问卷被分发给华裔美籍老年人（*N*＝266），以检测老年虐待/忽视的发生率，并找出与受害相关的因素。表 5－8 显示调查对象的基本特征。调查对象的平均年龄为 76 岁（SD＝7.00）。超过 60% 是女性老人；平均子女数量是接近 2.5 个；超过 30% 的教育水平低于高中；三分之一独居；将近 15% 的健康水平较差。超过 80% 的老年人并非在美国出生，在美国的平均居住时间约为 18 年。

表 5－8　调查对象的基本特征（$N=266$）

变量	频数（%）或平均数（SD）
年龄	76.24（SD=7.00）
女性	173（65%）
子女数量	2.37（SD=1.25）
受教育程度	
小学或以下	41（15.4%）
初中	43（16.2%）
高中	44（16.5%）
大专或职业技术学校	48（18.0%）
大学	71（26.7%）
硕士或以上	19（7.1%）
家庭月收入	
0～208 美元	83（31.2%）
209～416 美元	30（11.3%）
417～833 美元	72（27.1%）
834～1666 美元	22（8.3%）
1667～2499 美元	4（1.5%）
2500～3749 美元	10（3.8%）
3750 美元及以上	44（16.6%）
独居	90（33.8%）
自我健康评价	
很差	8（3.0%）
较差	35（13.2%）
普通	126（47.4%）
良好	71（26.7%）
很好	26（9.8%）
居住时间	17.91（SD=14.76）
美国出生	35（13.2%）

大多数调查对象（73%）住在老年公寓里。笔者将居住在无年龄限制社区和老年公寓的老人进行对比，发现居住在无年龄限制社区的老年人有较高的教育水平（$t = 5.98$，$p < 0.01$）、较小的年龄（$t = -2.98$，$p < 0.01$）以及较高的收入水平（$t = 13.58$，$p < 0.01$）。

整个问卷中几乎没有缺省值。老年虐待/忽视评估量表没有缺省值。只有几个人口统计变量有不足1%的缺失，如子女数量。考虑到缺省值较低、样本量较小，最终采用均值替换法进行数据替换。老年虐待/忽视评估量表没有缺省值，因为笔者在填完后仔细检查每一份问卷，并将大多数问题设计成简单的“是/否”问题。然而，一些人口统计变量的缺省值是非随机的。例如，一些调查对象不愿意回答他们的月收入。非随机的缺省值没有被处理，因其主要是描述目的。

缺省值被处理之后，笔者评估其内部一致性（ADL $\alpha = 0.90$；IADL $\alpha = 0.87$；CESD $\alpha = 0.79$；家庭支持网络 $\alpha = 0.99$；文化融入 $\alpha = 0.85$）。所有这些量度都有良好的内部一致性。传统性、家庭凝聚力和老年虐待/忽视筛查评估量表的 Cronbach'α 没有被报告，因为这些量表以对/错或是/否提问，是二元变量。

一　老年虐待/忽视、老年虐待和老年忽视的发生率

在本例中，一般意义上的老年虐待/忽视和老年虐待的发生率分别为10.2%（27 / 266）和8.3%（22 / 266）。最普遍的老年虐待/忽视类型是老年忽视（5.3%），其次是情感虐待（4.1%）、经济虐待（2.3%）和身体虐待（0.4%）。单独一种老年虐待/忽视的发生率（相对于多种类型的老年虐待/忽视）为7.1%（19 / 266）。最普遍的老年虐待/忽视指标是来自家庭成员的“言语攻

击”，其次是“公开遗弃”和“需要时不给予帮助”。最不常见的老年虐待/忽视指标是“身体攻击”和“身体限制”（见图5－1）。

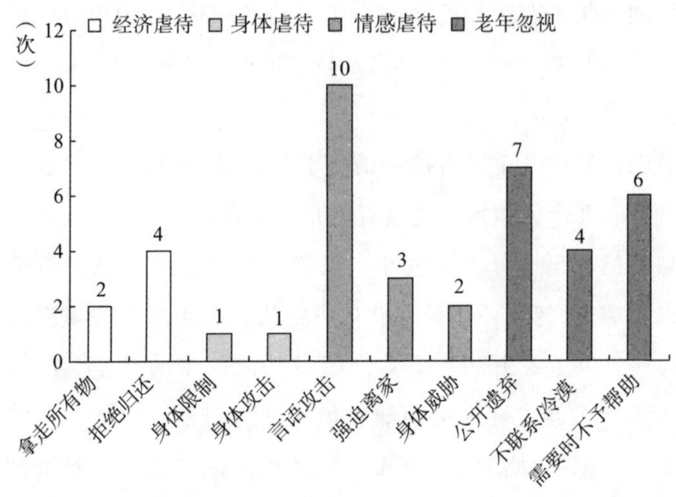

图5－1　老年虐待/忽视各指标的频数

二　老年虐待/忽视、老年虐待、老年忽视与重要变量的相关关系

斯皮尔曼相关（表5－9）表明，老年虐待/忽视与较低的ADL水平（$r=-0.12$，$p<0.10$）、较高的抑郁水平（$r=0.21$，$p<0.01$）和缺乏家庭凝聚力（$r=-0.11$，$p<0.10$）显著相关；老年虐待与缺乏家庭凝聚力（$r=-0.10$、$p<0.10$）和较高的文化融入水平（$r=0.11$，$p<0.10$）显著相关；老年忽视与较低的ADL水平（$r=-0.10$，$p<0.10$）密切相关、与较高的抑郁水平（$r=0.22$，$p<0.01$）以及较高的文化融入水平（$r=0.11$，$p<10$）显著相关。卡方检验表明，女性、独居和住在老年公寓里与老年虐待/忽视、老年虐待和老年忽视无显著相关。

表 5－9　斯皮尔曼相关系数

变量	1	2	3	4	5	6	7	8	9	10	11	12
1. 年龄												
2. 子女数量	0.26**											
3. 受教育程度	-0.03	-0.32**										
4. 收入足够程度	0.08	0.00	0.15*									
5. 日常生活能力	-0.19**	-0.03	0.12†	0.02								
6. 工具性日常生活能力	-0.19**	0.03	0.03	0.21**	0.51**							
7. 自我健康评价	-0.04	0.02	0.16**	0.33**	0.43**	0.46**						
8. 抑郁	0.06	-0.04	-0.19**	-0.26**	-0.38**	-0.43**	-0.55**					
9. 家庭凝聚力	0.07	0.01	0.09	0.07	-0.02	0.00	0.01	-0.08				
10. 家庭支持网络	0.02	0.17**	-0.07	0.07	0.11†	0.07	0.16**	-0.14*	0.17**			
11. 传统主义	0.1	-0.08	0.21**	0.01	0.00	-0.08	0.05	0.02	0.07	-0.04		
12. 文化融入	-0.07	-0.06	0.41**	0.27**	0.13*	0.12*	0.25**	-0.08	0.09	0.01	0.12†	
13. 老年虐待/忽视	0.00	-0.05	0.00	-0.04	-0.12†	0.00	0.03	0.21**	-0.11†	0.08	-0.05	0.06
14. 老年虐待	-0.1	0.00	-0.02	-0.06	0.01	-0.04	0.02	0.09	-0.10†	0.04	-0.06	0.11†
15. 老年忽视	0.04	-0.01	-0.07	-0.05	-0.1†	0.00	-0.03	0.22**	-0.07	0.11†	-0.06	-0.05

注：†$p<0.10$（双尾），*$p<0.05$（双尾），**$p<0.01$（双尾）

自变量可能存在共线性问题。在健康变量中，抑郁与 ADL（$r=-0.38$，$p<0.01$）、IADL（$r=-0.43$，$p<0.01$）和自我健康评价（$r=-0.55$，$p<0.01$）密切相关。在假设中提到的四个自变量，家庭凝聚力与家庭支持网络显著相关（$r=0.17$，$p<0.01$）；传统主义与文化融入显著相关（$r=0.12$，$p<0.10$）。虽然相关系数没有超过临界值（大多数情况下为 0.80），共线性可能仍然存在，因为二元相关性或许不能反映共线性，并且很难“定义一个适当的临界值”（Berry & Feldman，1985：43），尤其是在一个非常小的样本中。考虑到抑郁和老年虐待/忽视和老年忽视在双变量水平上的显著关系，抑郁被选作唯一的健康指标，以避免共线性。在接下来的逻辑斯蒂回归分析中，分别输入四个自变量，以检验假设 1（a，b）和假设 2（a，b），并避免可能的共线性。

三　老年虐待/忽视、老年虐待、老年忽视的风险因素

（一）老年虐待/忽视的风险因素

为检验本书的两个假设，笔者建立了四个逻辑斯蒂回归模型（见表 5－10）。模型 1 和模型 2 检验假设 1（a）和假设 1（b）；模型 3 和模型 4 检验假设 2（a）和假设 2（b）。为确保逻辑斯蒂回归的统计效力，每一个模型中都输入 8 个变量。在模型 1 中，输入了 6 个人口变量、抑郁程度和主要的自变量（例如家庭凝聚力）。模型 1、模型 2、模型 3、模型 4 之间的差异主要存在于自变量中：在模型 1 中输入家庭凝聚力，在模型 2 中输入家庭支持网络，在模型 3 中输入传统主义，在模型 4 中输入文化融入。

模型 1、模型 2、模型 3 和模型 4 表明，抑郁对老年虐待/忽视来说具有统计学意义的风险因素（模型 1 中 $OR=1.14$，$p<0.01$；模型 2 中 $OR=1.16$，$p<0.01$；模型 3 中 $OR=1.13$，$p<0.01$；模

表 5－10　逻辑斯蒂回归结果（老年虐待/忽视为因变量）

变量	老年虐待/忽视							
	模型 1		模型 2		模型 3		模型 4	
	机会比	95% 置信区间	机会比	95% 置信区间	机会比	95% 置信区间	机会比	95% 置信区间
人口信息								
年龄	1.00	[0.95, 1.09]	0.99	[0.94, 1.08]	1.00	[0.95, 1.09]	1.00	[0.95, 1.08]
女性	0.91	[0.34, 2.80]	0.80	[0.30, 2.14]	0.80	[0.30, 2.14]	0.79	[0.30, 2.08]
子女数量	0.92	[0.62, 1.39]	0.86	[0.55, 1.26]	0.89	[0.60, 1.31]	0.89	[0.61, 1.29]
受教育程度	1.14	[0.82, 1.57]	1.19	[0.86, 1.72]	1.11	[0.82, 1.63]	1.01	[0.72, 1.41]
收入足够程度	1.06	[0.60, 1.88]	0.99	[0.51, 1.70]	1.04	[0.60, 1.79]	0.94	[0.54, 1.63]
独居	0.71	[0.24, 1.95]	0.79	[0.29, 2.16]	0.75	[0.28, 2.01]	0.74	[0.28, 1.97]
健康								
抑郁	1.14**	[1.06, 1.22]	1.16**	[1.08, 1.25]	1.13**	[1.06, 1.22]	1.14**	[1.06, 1.23]
家庭变量								
家庭凝聚力	0.82*	[0.68, 0.99]						
家庭支持网络			1.19*	[1.02, 1.39]				
文化变量								
传统主义					0.95	[0.70, 1.29]		
文化融入							1.05†	[0.98, 1.10]
－2 Log Likelihood	155.03		154.55		159.37		156.82	

注：†$p<0.10$（双尾），* $p<0.05$（双尾），** $p<0.01$（双尾）。

型 4 中 OR = 1.14，$p < 0.01$）。当抑郁的分数增加一个单位时，在控制其他变量的情况下，老年虐待/忽视发生的几率增加 1.14 ~ 1.16 倍。没有人口变量与老年虐待/忽视发生显著相关。

在模型 1 中，家庭凝聚力的缺乏与老年虐待/忽视发生呈正相关（OR = 0.82，$p < 0.05$）。在模型 2 中，拥有更大的家庭支持网络与老年虐待/忽视发生呈正相关（OR = 1.19，$p < 0.05$）。在模型 4 中，文化融入与老年虐待/忽视发生呈正相关（OR = 1.05，$p < 0.10$）。随着家庭凝聚力增加一个单位，老年虐待/忽视发生的几率将减少 82%，模型中其他变量保持不变。随着家庭支持网络增加一个单位，老年虐待/忽视发生的几率将增加 1.19 倍，模型中其他变量保持不变。随着文化融入增加一个单位，老年虐待/忽视发生的几率将增加 1.05 倍，模型中其他变量保持不变。

当老年虐待/忽视是因变量时，假设 1（a）和假设 2（b）得到支持；假设 1（b）和假设 2（a）不受支持。患有抑郁症、家庭凝聚力较低、家庭支持网络更大、文化融入水平较高的华裔美籍老年人更有可能经历一般意义上的老年虐待/忽视。对中国传统文化的依从性与一般意义上的老年虐待/忽视无显著联系。

（二）老年虐待的风险因素

本研究建立了类似的逻辑斯蒂回归模型来确定老年虐待的风险因素（见表 5 - 11）。每个模型都输入了人口变量、抑郁程度和主要的自变量（家庭支持规模、家庭凝聚力、传统主义或文化融入）。模型 1、模型 2、模型 3、模型 4 之间的唯一区别在于主要的自变量：在模型 1 中输入家庭凝聚力，在模型 2 中输入家庭支持网络；在模型 3 中输入传统主义；在模型 4 中输入文化融入。

表 5-11　逻辑斯蒂回归结果（老年虐待为因变量）

变量	老年虐待							
	模型 1		模型 2		模型 3		模型 4	
	机会比	95% 置信区间	机会比	95% 置信区间	机会比	95% 置信区间	机会比	95% 置信区间
人口信息								
年龄	0.93†	[0.87, 1.01]	0.93†	[0.86, 1.00]	0.93†	[0.87, 1.01]	0.94†	[0.87, 1.01]
女性	0.78	[0.27, 2.26]	0.68	[0.24, 1.95]	0.69	[0.24, 1.96]	0.65	[0.25, 1.85]
子女数量	1.03	[0.65, 1.63]	1.00	[0.64, 1.58]	0.99	[0.59, 1.53]	0.96	[0.57, 1.44]
受教育程度	0.95	[0.69, 1.33]	0.97	[0.69, 1.35]	0.94	[0.67, 1.30]	0.80	[0.57, 1.21]
收入足够程度	1.02	[0.55, 1.87]	0.97	[0.54, 1.74]	0.99	[0.55, 1.79]	0.88	[0.49, 1.58]
独居	0.39	[0.12, 1.28]	0.45	[0.14, 1.47]	0.43	[0.13, 1.39]	0.41	[0.13, 1.34]
健康								
抑郁	1.06	[0.99, 1.14]	1.08†	[1.00, 1.16]	1.06†	[0.99, 1.14]	1.07†	[0.99, 1.15]
家庭变量								
家庭凝聚力	0.84†	[0.68, 1.04]						
家庭支持网络			1.09	[0.92, 1.28]				
文化变量								
传统主义					0.90	[0.64, 1.27]		
文化融入							1.06*	[1.00, 1.13]
-2 Log Likelihood	138.75		140.45		141.48		137.18	

注：†$p<0.10$（双尾），*$p<0.05$（双尾）。

在这四种模型中，较小的年龄与老年虐待的发生呈正相关（模型 1 中 OR = 0.93，$p < 0.10$；模型 2 中 OR = 0.93，$p < 0.10$；模型 3 中 OR = 0.93，$p < 0.10$；模型 4 中 OR = 0.94，$p < 0.10$）。随着一个单位年龄的增长，老年虐待/忽视发生的几率将减少 93% ~ 94%，模型中其他变量保持不变。在模型 2、模型 3 和模型 4 中，抑郁是老年虐待/忽视的一个显著的风险因素（模型 2 中 OR = 1.08，$p < 0.10$；模型 3 中 OR = 1.06，$p < 0.10$；模型 4 中 OR = 1.07，$p < 0.10$）。随着抑郁得分增加一个单位，老年虐待/忽视发生的几率将增加 6% ~8%，模型中其他变量保持不变。

在模型 1 中，家庭凝聚力的缺乏与老年虐待/忽视发生率（OR = 0.84，$p < 0.10$）呈显著正相关。随着家庭凝聚力增加一个单位，老年虐待/忽视发生的几率将减少 84%，模型中其他变量保持不变。在模型 4 中，较高的文化融入水平与老年虐待发生率呈显著正相关（OR = 1.06，$p < 0.05$）。随着文化融入得分增加一个单位，老年虐待/忽视发生的几率将增加 1.06 倍，模型中其他变量保持不变。

当老年虐待是因变量时，假设 1（a）和假设 2（b）得到支持；假设 1（b）和假设 2（a）不受支持。年龄较小的华裔老年人或抑郁程度较高的老年人、家庭凝聚力较低或文化融入水平较高的老年人更有可能经历老年虐待。对中国传统文化的依从性与老年虐待没有显著的联系。

（三）老年忽视的风险因素

本研究建立了类似的逻辑斯蒂回归模型来测试老年忽视的风险因素（见表 5 - 12）。所有四种模型均表明，抑郁是老年忽视具有统计学意义的显著风险因素（模型 1 中 OR = 1.17，$p < 0.01$；模型 2 中 OR = 1.21，$p < 0.01$；模型 3 中 OR = 1.17，$p < 0.01$；模型

表 5-12 逻辑斯蒂回归结果（老年忽视为因变量）

变量	老年忽视							
	模型 1		模型 2		模型 3		模型 4	
	机会比	95%置信区间	机会比	95%置信区间	机会比	95%置信区间	机会比	95%置信区间
人口信息								
年龄	1.03	[0.95, 1.13]	1.01	[0.92, 1.10]	1.03	[0.96, 1.16]	1.03	[0.95, 1.15]
女性	0.96	[0.23, 4.01]	0.87	[0.21, 3.59]	0.79	[0.19, 3.24]	0.80	[0.20, 3.23]
子女数量	0.97	[0.59, 1.58]	0.88	[0.53, 1.46]	0.92	[0.56, 1.46]	0.92	[0.58, 1.43]
受教育程度	1.01	[0.65, 1.56]	1.15	[0.73, 1.81]	0.99	[0.65, 1.53]	0.96	[0.61, 1.50]
收入足够程度	0.91	[0.44, 1.87]	0.81	[0.40, 1.62]	0.90	[0.45, 1.79]	0.89	[0.45, 1.78]
独居	0.81	[0.22, 3.03]	0.82	[0.21, 3.25]	0.83	[0.22, 3.15]	0.82	[0.22, 3.09]
健康								
抑郁	1.17**	[1.07, 1.29]	1.21**	[1.09, 1.35]	1.17**	[1.08, 1.28]	1.17**	[1.07, 1.28]
家庭变量								
家庭凝聚力	0.82†	[0.06, 1.05]						
家庭支持网络			1.35**	[1.08, 1.70]				
文化变量								
传统主义					0.92	[0.60, 1.41]		
文化融入							1.01	[0.93, 1.10]
-2 Log Likelihood	91.86		73.39		94.23		106.57	

注：†$p<0.10$（双尾），** $p<0.01$（双尾）。

4 中 OR = 1.17，$p < 0.01$）。随着抑郁得分增加一个单位，老年忽视发生的几率将增加 1.17 ~ 1.21 倍，模型中其他变量保持不变。没有人口统计变量与老年忽视的发生显著相关。

在模型 1 中，家庭凝聚力的缺失与老年忽视的发生显著相关（OR = 0.82，$p < 0.10$）。随着家庭凝聚力增加一个单位，老年忽视发生的几率将降低 18%，模型中的其他变量保持不变。在模型 2 中，有较大的家庭支持网络与老年忽视具有统计学意义上的显著相关（OR = 1.35，$p < 0.01$）。随着家庭支持网络增加一个单位，老年忽视发生的几率将增加 1.35 倍，模型中其他变量保持不变。

当老年忽视是因变量时，假设 1（a）得到支持；假设 1（b）和假设 2（a，b）不受支持。患有抑郁症、家庭凝聚力较低或家庭支持网络更大的华裔美籍老年人更容易经历老年忽视。对中国传统文化的依从性与老年忽视无显著相关。

总而言之，无论因变量是老年虐待/忽视、老年虐待还是老年忽视，假设 1（a）得到支持；假设 1（b）和假设 2（a）不受支持。抑郁和缺乏家庭凝聚力是老年虐待/忽视、老年虐待和老年忽视的风险因素。具有较高文化融入水平的华裔老人更有可能经历一般意义上的老年虐待/忽视和老年虐待；家庭支持网络更大的老年人更有可能经历一般意义上的老年虐待/忽视和老年忽视。传统性与一般意义上的老年虐待/忽视、老年虐待或老年忽视无显著相关。

第六章　华裔老年虐待/忽视研究的综合讨论

这项研究丰富了我们的关于老年虐待/忽视问题的知识，揭示了一个华人社区中隐藏的重大社会问题。之前的研究大都集中在一般美国人对老年虐待/忽视的感知、普遍性和相关因素上，而这项研究将老年虐待和老年忽视结合在一起，检验老年虐待/忽视、老年虐待和老年忽视的家庭支持和文化变量的作用。

第一节　对数据结果的综合讨论

一　老年虐待/忽视的感知和普遍性

老年虐待、老年忽视对华裔老年人来说是不熟悉的概念。美籍华裔老年人对老年虐待/忽视看法的独特性就在于他们对情感虐待和老年忽视的理解。似乎美籍华裔老年人倾向于容忍家庭内部的冲突，比如“毁坏东西”、“不愉快的家庭关系”和“没有引起严重情绪后果的言语攻击”。然而，华裔美籍老年人也许不能容忍家庭成员“在需要的时候不提供帮助”和“久不联系/漠不关心”，并将这种行为定义为老年忽视，这可能源于儒家孝顺文化中所强调的，成年子女应为父母提供健康照顾、经济支持和对父母的服从（Lai，2009）。新修订的《老年人权益保障法》（2013）规定成年子女必须经常性探望/问候老人，这也可能影响到中国老人对老年忽视的看法。此外，美国的华裔老年移民可能缺乏英语读写能力和交通能力（例如开车），因此他们的日常生活可能很大程度上取决于家庭成员的支持（例如，带老年人购物或看医生）。若家庭成员在他们需要的时候没有伸出援助之手或“久不联系/漠不关心”，老年移民可能不仅遭受精神痛苦，他们在美国的社会活动也可能被严重限制。

本书中，家庭成员实施老年虐待/忽视所占的比例为10.2%，与最近在美国进行的全国性老年虐待/忽视调查研究相符（Acierno et al.，2010）。Acierno和同事们（2010）报告说，过去的一年中老年虐待/忽视（不包括经济虐待）的发生率是11%左右（不管施虐者是谁）。在这项研究中，如果包括陌生人或熟人施加的老年虐待/忽视，老年虐待/忽视的发生率会更高。这项研究的老年虐待/忽视发生率比Dong在芝加哥做的华裔美籍老人研究要低（不限于家庭的老年虐待/忽视）。Dong的松年研究（2014）有相当大的样本（$N=3159$），并且发现，按照老年虐待/忽视的定义和测量指标来分析，华裔美籍老年人的发生率从13.9%（最严格的标准）到25.8%不等（最不严格的标准）。Dong（2014）使用了8个情感虐待指标、17个经济虐待指标、10个身体虐待指标、1个性虐待指标以及20个老年忽视的指标（即需求未得到满足）。考虑到只有10个老年虐待/忽视指标用于本研究，相对较低的发生率并不令人感到意外。这项研究的发生率也低于Dong在中国南京的研究（35%）（Dong，Simon & Gorbien，2007）。然而，所有南京研究的参与者都是来自一个医学中心的老年患者，这或许能解释南京研究中老年虐待/忽视的高发率。

家庭成员实施的最普遍的老年虐待/忽视形式是老年忽视

(5.3%)，其次是情感虐待（4.1%）、经济虐待（2.3%）和身体虐待（0.4%）。这一顺序与Dong的研究结果是一致的（Dong，2011；Dong，2013）。在Dong的焦点小组小样本研究中（2011），照料者忽视是最常见的老年虐待/忽视形式。在Dong的松年研究（2014）中，老年忽视是最普遍的老年虐待/忽视形式（11.1%），其次是情感虐待（9.8%）、经济虐待（9.3%）和身体虐待（1.1%），这是所有老年虐待/忽视研究形式中最宽松的标准（即至少同意一个指标）。这一发现也和Acierno及同事们的研究（2010）一致，在他们的全美研究报告中称最普遍的老年虐待/忽视（过去一年的发生率）是老年忽视（5.1%），其次是情感虐待（4.6%）和身体虐待（1.6%），不包括经济虐待。

二　老年虐待/忽视的相关因素

在本研究中，低龄与老年虐待（即情感虐待、身体虐待和经济虐待）有关，这与两次全美范围内对老年虐待/忽视的研究一致（Acierno et al.，2010；Laumann，Leitsch & Waite，2008），但与之前的某些发现相反——高龄与老年虐待/忽视发生率有关（例如：Dong，Simon和Evans，2009；Kosberg，1988；Lachs，Williams，O'Brien，Hurst和Horwitz，1997；Tatara，1997）。一个可能的解释是，家庭中的老年虐待/忽视是“一个长期的个体间的互动模式，这种互动可能在老龄化之前发生”（Acierno et al.，2010：62）。这些不一致的发现也可能源于老年虐待/忽视定义和测量的差异。

研究发现，与之前在中国大陆的老年研究（Dong，Simon，Odwazny & Gorbien，2008）和一般美国老年虐待/忽视研究（例如：Dyer，Pavlik，Murphy和Hyman，2000；Lachs，Williams，O'Brien，Pillemer和Charlson，1998）相一致，患有抑郁症的华裔美籍老年人

更有可能经历老年虐待/忽视。研究人员使用不同的量表来测量抑郁症，如 Geriatric Depression Scale（例如：Dong，Simon，Odwazny 和 Gorbien，2008；Dyer，Pavlik，Murphy 和 Hyman，2000）和 CESD（例如：Lachs 等，1997），并找到了抑郁和老年虐待/忽视之间一致的联系。抑郁的老年人有可能在情感上依赖家庭成员，并且他们的抑郁症状增加了看护压力，由此提高了家庭中老年虐待/忽视的发生率。然而，之前的大多数研究以及本研究都是横向研究；因此抑郁和老年虐待/忽视之间的因果关系无法证实。一个可能的事实是，老年虐待/忽视可能导致或恶化抑郁症状（Dong，Simon，Odwazny & Gorbien，2008）。建议今后采取纵向研究，探究抑郁与老年虐待/忽视的关系，探索老年虐待/忽视与抑郁互相影响的途径。语言虐待和老年忽视可能是两种直接影响抑郁症状的形式（Yang，2004）。

假设 1（a）华裔美国老年人家庭支持的重要性与老年虐待/忽视呈负相关在本研究中得到支持。正如假设的那样，缺乏家庭凝聚力的华裔老年人（即家庭支持的重要性更小），更容易经历老年虐待和老年忽视。据笔者所知，本研究是第一个定量分析华裔美籍老年人家庭凝聚力和老年虐待/忽视之间关系的。假设 1（b）不受支持。研究结果表明，拥有较大家庭支持网络的长者，更有可能经历一般意义上的老年虐待/忽视和老年忽视，这并不是假设的方向。之前的定量研究测量了“社会支持”（或社交网络规模），发现社会支持与老年虐待/忽视之间有负相关。例如，当使用社会支持工具（SSI）时（例如，李克特量表中“有人能在危机中给你好的建议”，选项从“从来没有”到“一直如此”），发现在中国老年人（Dong & Simon，2008）和美国老年人（Acierno et al.，2010）中，缺乏社会支持与老年虐待/忽视有关系。在本研究中，测量家庭支持网络的三个问题调查了在美国或其他国家中，对老人有支持的亲戚的人数。一个猜测是，一个移民老年人可能在中国国内有很多支持他的亲戚，但在美国没有多少。中国国内支持自己的亲戚可以提供情感支持（比如通过电话谈论私事），但离得太远，不能提供工具性支持。即使有较大的家庭支持网络规模，老年人可能仍然感到被国内或美国的家庭成员忽视。因此，更大的家庭支持网络与老年忽视有正相关这一结果并不令人惊讶。另一个猜测是，拥有大量能支持自己亲戚的华裔美籍老年人也许严重依赖家庭内部的相互依靠，并且对家庭支持有更高的“文化预期”。“中国家庭作为一个紧密联系的社会单元，历史源远流长，其成员相互提供满足心理、社会和身体需求的资源”（Cheng & Chan，2006）。在中国历史上，老年人受到年轻家庭成员的精心照顾，“国家干预最少”（Cheng & Chan，2006：262）。父母为了孩子的幸福牺牲很多。当他们老了，他们会理所当然地认为，一个孝顺的孩子应该经常探望或问候他们，并在他们困难时提供情感、经济以及工具性支持。例如，有交通和语言障碍的话，华裔美籍老年人可能会期望一个或多个成年子女在医院或诊所陪伴，而不是寻求专业服务人员的帮助。当老年人遇到经济困难时，他们可能会期望家庭成员帮忙支付医疗账单、房租或购买食物。当这种想法不被任何家庭成员满足时，受儒家思想的影响，中国老年人可能会感到被忽视了。考虑到老年忽视占本研究老年虐待/忽视的52%，更大的家庭支持网络与一般意义的老年虐待/忽视呈正相关也是可以理解的。

假设2（a）不受支持。传统主义似乎与老年虐待/忽视没有显著关联。由于小的同质性样本无法捕捉传统主义的变化，传统主义的影响可能在本研究中就不能被发现。大多数调查对象都是住在老年公寓的说汉语的移民老年人。他们的传统中国文化信仰可能没有很大的差异。假设2（b）华裔老年人对美国文化的同化与老年虐待/忽视呈正相关受部分支持。融入程度更高的华裔老年人，似乎更有可能经历老年虐待和一般意义上的老年虐待/忽视，这和假设的方向一致。有一种猜测是，对美国融入程度较高的华裔美籍老年人有更强的老年虐待/忽视意识，更有可能在这个调查研究中报告老年虐待/忽视。融入程度不高的华裔老年人可能会羞于透露他们的老年虐待/忽视经历，即使在自我管理的匿名调查中也是如此。另一个推测是，成年子女、配偶或家庭对传统中国文化的坚持可能会影响他们对老年人的态度和行为，从而防止老年虐待/忽视发生。老年人的传统观念可能不会使他们免于老年虐待/忽视。同样，老年人的高文化融入水平可能不会增加老年虐待/忽视的风险。可能是家庭之间的代际文化融入/文化差异，而不是老年人的美国融入程度或对中国传统文化的依从，导致家庭关系紧张并因此出现老年虐待。本研究中检测出11个华裔老年人，在情感上、经济上或身体上受过虐待，他们在美国的平均居留时间大约是30年，比整个样本的平均居留时间（18年）要长得多。这组华裔老年人（“老移民”）与“新移民老年人”相比，和成年子女有更大的文化融入差异。很有可能老移民的孩子在美国出生或接受教育，因而可能几乎没有受到中国文化或儒家学说的熏陶。这些成年子女可能不理解或不能满足父母的文化需求和期望，例如孩子对父母的尊重和服从。代际文化融入差异或文化差异可能直接导致情感虐待或其他形式的老年虐待。这个解释与拉美裔老年虐待/忽视模型（Parra – Cardona et al.，2007）相一致。是否代际文化/文化融入差异超越了传统中国文化或美国文化的影响，仍需在将来的研究中得到证实。

本书以生态理论和拉美老年虐待/忽视模型为指导，从华裔老年人的角度出发，研究老年虐待/忽视的普遍率及其与家庭支持变量（中观系统/中宏观系统）和文化变量（宏观系统）的联系。未来的研究可能把重点放在老年人、家庭施虐者和家庭整体的危险因素上，并建立一个全面的理论模型，理解在生态理论指导下的中国老年虐待/忽视情况（以下简称中国老年虐待/忽视模型）。只关注老年人无法揭示美国华裔家庭相互依靠或代际文化/文化融入差异的影响。在微观系统中，一个全面的中国老年虐待/忽视模型应该包括施虐者的特征（例如压力和精神健康状况）和家庭特征（例如家庭暴力史、家庭对当局的态度和代际文化差异），就像拉美模型一样。很有可能代际文化差异的影响超越了中国文化或美国文化的影响，这应该在将来的研究中得到证实。此外，老年人的健康状况不能仅仅通过自我报告来评估。身体检查、其他的客观评估也可以用来记录老年人的健康状况（Sooryanarayana，Choo & Hairi，2013）。

中观系统/中宏观系统应该集中在非正式、正式社会支持的可得性和重要性上。全面评价老年人和施虐者的社会支持情况（包括工具性支持和情感支持）是有极大用处的。本项研究只统计支持性家庭成员的数量，并没有区分情感和工具性支持。很有可能如果缺少这两者中任何一种支持，中国老年人都会感到被忽视。

在宏观系统中，美国的“反移民氛围”（Parra - Cardona，Meyer，Schiamberg & Post，2007）和国内对家庭生活的国家指导（比如子女定期探望父母）应包含在中国老年虐待/忽视模型中。值得一提的是，老年人关于家庭关系的传统观念可能并不直接影响家庭中老年虐待/忽视的发生。

对于拉美老年虐待/忽视模型，建议研究人员验证拉美文化对老年虐待/忽视的保护性作用（比如“家庭主义”）。对代际文化差异的影响也应该进行复制研究。非正式支持的可得性和重要性应该分别被检验。本项研究也可能会启迪美国其他亚裔群体的老年虐待/忽视研究。韩国和日本老年人受儒家学说的影响较大，对家庭关系和性别角色、移民经历以及老年虐待/忽视认识可能有相似的文化理解。传统文化的影响、其他亚裔群体的文化融入需要在将来的研究中检验。

第二节　老年虐待/忽视的预防、筛选与干预实践

一　老年虐待/忽视的筛选和评估

本研究提出由十个问题组成的老年虐待/忽视评估工具，在文化上和语言上都具有恰当性，可以帮助华裔老年人自己、家庭成员、社会工作者、医生、成年人保护中心工作者和其他人员很快识别出华裔美籍老年人中的老年虐待/忽视。筛选评估工具是从已有量表衍生出来，然后用焦点小组访谈的反馈、专家论证和试调查的结果进行修正。尤其是调查员没有将老年虐待/忽视的定义强加于焦点小组参与者，而是让组员构建老年虐待/忽视的含义。

专业服务人员，如医生和社会工作者有法律和道德责任报告老年虐待/忽视的情况，但是在实际中，报告案例会遇到障碍（Ahmad & Lachs，2002）。例如，医生的报告只占全部报告案例的2%（Lachs & Pillemer，2004；Rosenblatt，Cho & Durance，1996），他们的报告障碍与缺乏老年虐待/忽视知识有关（比如觉察度、风险因素、筛选评估工具）（Ahmad & Lachs，2002；Mosqueda & Dong，2011）。社会工作者在开始调查一项老年虐待/忽视案例时

也有充分收集证据的困难。例如，家庭成员或老年人可能会将老年虐待/忽视情况描述得没那么严重（Schmeidel，Daly，Rosenbaum，Schmuch & Jogerest，2012）。此外，由于文化和语言的差异，社会工作者可能误解家庭成员的行为（Donovan & Regehr，2010）。服务系统和专业人员需要了解老年虐待/忽视的文化定义，尤其是老年忽视和情感虐待，调整对不同族裔群体的调查门槛，并使用具有文化敏感性和语言敏感性的筛查评估工具来评估老年虐待/忽视案例。专业服务人员可使用这个筛查评估工具作为评估华裔美籍人老年虐待/忽视发生的指南。

二　老年虐待/忽视预防的含义

目前，针对华裔美籍老年人的、有文化竞争力的老年虐待/忽视预防或干预措施很少。在提出任何可能的老年虐待/忽视预防（制度型方法）或干预措施之前（残补型方法），我们应该注意到老年人居住地的差异。首先，应该特别注意到不在种族聚居区居住的美籍华人。本研究的样本选择居住在凤凰城的华裔老年人，这里有越来越多的美籍华人生活，并且没有组织化的种族社区存在。之前在大城市进行的研究，大都选在文化排他性强的、大量华裔聚居的社区，比如居住在芝加哥唐人街的大量华裔人口，而凤凰城这项研究的结果则适用于居住在类似地区的美籍华人。其次，应该注意到居住在老年公寓和居住在无年龄限制的一般社区中的老年人之间的差异。本项研究的大多数参与者（73%）生活在那些主要为华裔美籍老年人提供住宿的公寓，其余参与者所在的社区遍布整个凤凰城。正如本项研究指出的，住在老年公寓的老人年龄更大、收入更低、受教育程度更低。进一步的老年虐待/忽视干预和服务可以适应老年公寓的老年人的需要。此外，专业人士需要特别注意老年公寓的隐私保护，因为这里几乎每个人都相互熟悉。我们还需要确保的是，未来的老年虐待/忽视项目和服务在社区的华裔美籍老年人中能够广泛传播。一种可能的方法是为中国文化中心、华裔老年中心、其他机构和俱乐部打广告和提供服务。

本项研究的结果表明，华裔美籍老年人对于老年虐待/忽视、老年虐待和老年忽视的观念是不熟悉的。公共教育活动常常被用来促进人们树立老年虐待/忽视意识，防止老年虐待/忽视的发生，以及鼓励对可疑的老年虐待/忽视现象进行报告，其方式可能包括“在药店处方袋内放置有关老年虐待的传单、在餐车所用的容器上贴纸宣传，以及向老年人中心、聚餐地点和医生办公室发放小手册”（Pillemer et al.，2007：248）。对于美籍华人来说，建议将双语传单、小册子或其他信息材料（简体中文、繁体中文和英语）放置在老年公寓和美籍华人常去的地点或活动场所，如中国文化中心、中国文化周、亚洲超市和中餐馆。除去强制的报告者，家庭成员、朋友、邻居或所有社区的人都可以充当“看门人”，使老年人免于老年虐待/忽视。

本项研究的结果表明，促进华裔老年人的传统性不一定能预防美籍华人中老年虐待/忽视的发生。服务项目或预防项目应建立双方（老年人和他们的成年子女）的“二元文化身份”。一方面，我们需要推广中国的传统文化（比如孝道），保护老年人免于老年虐待/忽视，同时鼓励老年人适应美国文化（例如，英语读写、美国生活方式的采用、适应二元文化和双语环境）。另一方面，专业服务人员需要帮助减少、协调美籍华裔家庭中的代际文化融入/文化差异。此外，当观察到美籍华裔家庭中极大的代际文化/文化融入差异和缺乏家庭凝聚力时，老年公寓的经理、中国文化中心和社区的其他利益相关者应该格外留意，防止老年虐待/忽视的发生。防止老年虐待/忽视的一种理想方法是，当老年人首次在华裔老年中心或老年公寓登记，或首次进入健康服务系统时，对他们做文化家庭背景调查。基于社区的老年虐待/忽视实践和干预或许也可以解决华裔美籍老年人的抑郁问题。抑郁可能是一种预示，也可能是老年虐待/忽视问题的结果。

老年虐待/忽视教育项目也在护士、社工、成年人保护中心人员和其他可能服务老年人的专业人员中开展（Anetzberger et al.，2000；Richardson，Kitchen & Livingston，2002）。这类项目的有效性已经在之前的文献中评估过（Richardson，Kitchen & Livingston，2002）。值得一提的是，尽管有许多的教育项目是为专业人士设计的，“却没有关于这方面的研究——对专业人士的教育是否会对老年受害者有任何效果，包括预防”（Pillemer，Mueller - Johnson，Mock，Suitor & Lachs，2007：248）。未来的专业人员教育项目应考虑到文化因素（比如家庭凝聚力的强调），以防止在华裔美籍老年人和其他少数族裔老年人中出现老年虐待/忽视。这些项目应该通过循证研究，评估其对老年案主的效果。

在中国大陆，没有老年虐待/忽视的强制报告制度或老年虐待法。华裔老年移民对老年虐待/忽视的文化理解（尤其是情感虐待和老年忽视）可能与美国法律体系或美国专业服务人员不同。在包括海报、课程和演讲在内的教育项目中，华裔老年移民必须尽快了解这些差异，才能预防老年虐待/忽视的发生。特别是教育项目应覆盖美国老年虐待/忽视有关法律和老年虐待/忽视相关的正式服务，以及提示报告可疑案例的重要性（Lee & Eaton，2009；Moon & Benton，2000）。本研究考虑到中国老人强调家庭凝聚力，建议家庭成员（尤其是在美国出生的成年子女）也应纳入教育计划，以便他们了解父母的文化需要（如定期探访），以及代际和谐在老年虐待/忽视预防中的重要性。为避免经济虐待，教育项目可以教老年移民如何在美国银行存款/取款，如何进行国际转账以及帮助他们了解美国的基本税务知识。

三 在老年虐待/忽视干预中的应用

当老年虐待/忽视被判定为犯罪时，社会工作者需要与执法部门、银行人员、成年人保护中心工作者或家庭成员合作来帮助老年受害者。考虑到美籍华裔老年人感知到的情感虐待和老年忽视可能没有违反美国的法律，执法部门和成年人保护中心工作者或许不需调查和干预此类案件。但是，有文化能力的社会工作者应该介入，因为这两种类型的老年虐待/忽视可能会对华裔老年人产生严重的情感后果，如抑郁和自杀（Dong，2005）。当老年虐待/忽视不被视为犯罪时，咨询和转介是两种常见的干预形式（Brownell & Wolden，2002）。社会工作者可以将受害者和施虐者用“可持续的社区资源”联系起来，并链接有关老年虐待/忽视服务，以减少老人的社会孤立，以及老年人对施虐者的依赖（Mariam，McClure，Robinson & Yang，2013）。

除了转介服务之外，为家庭中的老年虐待/忽视受害者设计的心理教育支持小组可以向华裔老人提供帮助。支持小组的课程可能包括：美国的老年虐待/忽视法律、老年虐待/忽视正式服务（Lee & Eaton，2009；Moon & Benton，2000）、报道案例的重要性、抑郁的应对、服务的获取、与家庭施虐者讨论如何避免老年虐待/忽视的发生等（Brownell & Heiser，2006；Lee & Eaton，2009）。支持小组也可能会减少受害老年人的抑郁或其他情感问题（Comijs，Penninx，Knipscheer & Van Tilburg，1999），并增加华裔美籍老年人的情感/工具性支持。考虑到老年人可能不愿意参与，可以寻找通晓两种文化的协调人，来帮助招募和组织支持小组，比如老年公寓的社会工作者和年长的社区领袖（Lachs & Pillemer，2004）。建议支持小组在老年公寓或华人老年中心内进行活动，以便让更多的华裔老人接受帮助。

考虑到美国华裔家庭中最普遍的老年虐待/忽视类型是老年忽视，最普遍的老年虐待/忽视指标是言语攻击，社会工作者对老年虐待/忽视施虐者的干预可能集中在培训和支持上。对家庭施虐者的老年虐待/忽视培训可能会覆盖老龄化和看护知识、愤怒管理（比如触发和应激）、服务渠道（Reay & Browne，2002；Scogin et al.，1989）、华裔老年人的文化需求以及讨论如何防止老年虐待/忽视再次发生的策略（Lee & Eaton，2009；Moon & Benton，2000）。支持项目包括对施虐的照料者提供家政服务和喘息服务以缓解压力，从而降低家庭老年虐待/忽视的风险（Pillemer et al.，2007）。

培训项目也可以与家庭访问项目相结合（Davis，Medina & Avitabile，2001）。在 Davis 和同事们的研究中，家庭访问项目包括警察和社工的家访，以防止老年虐待/忽视的复发，由社会工作者告知受害者他们的合法权利和可利用的资源；警察警告施虐者，家庭是受到监视的。教育项目的控制小组不接受治疗任务，而家庭访问项目中的干预小组进行常规巡逻服务并可能收到警告信。与猜测相反，那些接受老年虐待/忽视教育和跟进家庭访问的，在 6 个月和 12 个月的再评估中，报告（或老年虐待/忽视复发）的数量是最多的。一种可能的解释是，接受这两种干预措施的人更愿意与警方联系。该研究研究方法上的缺陷包括干预可能扩散到控制小组中，而且两个小组之间的基线差异不受控制（比如种族）（Ploeg et al.，2009）。尽管缺乏循证研究的评估，一项与家庭访问项目结合的教育项目对居住在老年公寓的华裔老人来说可能是有成本效益的。当老年人集中在一个地方的时候，教育海报、课程、演讲和家庭访问的费用将是最低的。警察的家访也可能建立信任、减少华裔美籍老年人报告老年虐待/忽视的担忧（例如，羞于揭露和不信任当局）（Dong，Chang，Wong，Wong & Simon，2011）。拥有大量华人的社区警务部门需开设有普通话和广东话的热线电话，以便降低华裔老年人报告案例时语言和文化上的障碍。

为防止经济虐待的再次发生，社会工作者、律师和医生可以建立一个跨学科的团队来帮助受害老年人确立一个代理决策者（Lachs & Pillemer，2004）。代理决策者可能是一个信赖的家庭成员或朋友，他可以帮助老人管理财务以及将老年人的利益最大化。代理决策者可能会定期检查老年人的银行账户以确定经济安全，帮助其在国内管理租金，以及管理税收和医疗保险等。代理决策者的确立可以由生前预嘱（Advance Directive，AD）完成（Lachs & Pillemer，2004）。生前预嘱是当一个老人在晚期由于健康问题而无能为力时，预先嘱托其希望获得的医疗手段或指定代理人的书面文件（Gao，Sun，Ko，Kwak & Shen，2015）。美籍华裔老年人更理解生前预嘱在医疗决策制定中的作用（约95%），但对生前预嘱在经济管理中的作用了解得较少（约60%）（Gao，Sun，Ko，Kwak & Shen，2015）。生前预嘱不仅可以消除老年人的临终关怀担忧，同时也可以避免经济虐待发生/再发生。

第三节　对美国老年虐待/忽视问题的政策建议

对华裔美籍老年人来说，迫切需要文化上和语言上的适当干预来使他们免于老年虐待/忽视。在美国，《美国老年人法》、《反妇女暴力法》和新颁布的《老年人正义法案》（EJA）就是三个与老年虐待/忽视项目息息相关的联邦法律。《美国老年人法》规定国家要为老年虐待中心提供资金，支持州际司法系统推广老年虐待/忽视项目。《反妇女暴力法》“授权总检察长制定拨款计划，以加强培训和服务，结束暴力和老年妇女虐待”（Dong & Simon，2011：2460）。作为《平价医疗法案》的部分，《老年人正义法案》规定可以为老年虐待/忽视干预和研究提供资金支持。根据 Dong 和 Simon（2011），“《老年人正义法案》在 4 年内授权 7.77 亿美元的资助，而立即执行尤其重要，因为美国成年人保护中心将会获得资金，加强对老年虐待受害者的直接服务。最近，一个在 30 个州进行的调查报告显示，60% 的成年人保护中心项目预算面临平均削减 14% 的问题，而 2/3 的成年人保护中心项目显示，老年虐待报告平均增加了 24%。最近一封来自老龄化组织领导委员会的信件敦促参议院和众议院的劳工、健康、人类服务和教育小组委员会充分贯彻《老年人正义法案》”（Dong & Simon，2011：2461）。

本项研究与其他少数族裔中的老年虐待/忽视研究一道，可能会在少数族裔群体中揭露老年虐待/忽视问题——一个鲜受政治关注的严重的社会问题。专业人员、政策倡导者和政治家等应当努力提高公众对老年虐待/忽视问题的认识水平，促进美国老年人生活的真正改变（Jirik & Sanders，2014）。政策倡导者可以利用本书的研究结果来敦促立法者，使《老年人正义法案》完全执行，并为具有文化竞争性的老年虐待/忽视干预项目的发展提供新的资金机会。

第四节　对未来研究的指导意义

未来的研究可以使用本书中的老年虐待/忽视评估工具，并在美国其他城市或农村地区复制这项研究。本书中老年虐待/忽视评估工具的有效性和可靠性也可以在中国进行测试。考虑到中国大陆对老年虐待/忽视认知的民族差异和城乡差异，评估工具也可进行适当修改。这个由十个问题组成的评估工具（回答是/否即可）在实践中检测老年虐待/忽视案例，简单而快速。未来的研究可能会产生更全面的量表，系统地检测中国人和美籍华人中的老年虐待/忽视问题。李克特量表可以用来显示老年虐待/忽视发生的频率及其严重性。未来的研究也可以调查老年虐待/忽视受害者和施虐者之间的关系（比如陌生关系、熟人关系、亲戚关系），揭露谁最有可能是中国老人的老年虐待/忽视施虐者。笔者强烈呼吁在中国大陆进行一个全国性的老年虐待/忽视随机抽样调查，来揭露老年虐待/忽视问题。全国性的老年虐待/忽视调查的结果将具有很强的理论和实践意义。

在本项研究中，研究者与美国华裔老人频繁接触，注意到大量的华裔移民老人不知道美国成年人保护中心的服务，而且没有听说过美国成年人保护中心热线电话或网站。未来的研究可以探讨华裔老年人对老年虐待/忽视正式服务的认识、求助途径以及对美国成年人保护中心和警官的态度。此外，未来的研究可以扩展这项研究，通过探讨老年虐待/忽视的报告和求助模式，探索华人中报告或求助的个人障碍、文化障碍和结构性障碍。例如，可以探索寻求帮助的偏好（如华裔社区领导者、宗教人士和老年公寓的社会工作者及其他家庭成员）。

其他类型的老年虐待/忽视，例如家庭中的性虐待和养老机构中的老年虐待/忽视可以在未来的研究中探索。性虐待是最难以检测的老年虐待/忽视类型，原因是这类报告的羞耻感/尴尬、受害者的认知障碍和既定的假设——老年人“不可能是性欲望和虐待的对象”（Rosen，Lachs & Pillemer，2010：1073）。讨论与性有关的问题也是中国人的文化禁忌（Zhang，Li & Shah，2007）。在 Dong 的松年研究中（2004），一个指标“在你不愿意的时候，触碰你的私密区域”被用来检测美籍华裔老年人的性虐待。我们迫切需要研究来全面了解华裔老人对性虐待的观念，例如，说黄色笑话是否构成性虐待，华裔对性虐待的认知是否存在性别差异。在这个人群中发展一种在语言上和文化上都具有适当性的工具来评估性虐待是第二步。被调查者的尴尬和社会的期望及其按照社会期望的回应（socially desirable response）应该被研究者认真考虑。拥有必要的访谈技巧的双语访谈者或许能减少华裔美籍老年人汇报中的尴尬。

尽管养老机构中的老人是机构中最有可能的施虐者（Rosen，Lachs & Pillemer，2010），疗养院和辅助生活机构中的“老年人对老年人的霸凌行为”（resident - to - resident aggression）却在美国被忽视了（Rosen，Pillemer & Lachs，2007）。美国少数族裔中和中国的“老年人对老年人的霸凌行为”相关文献更加缺乏。尤其是老年人对老年人的性虐待很难检测。尽管女性老年人被认为是传统的性虐待受害者，一项研究却指出男性老年人（50 岁或以上）是潜在的性虐待受害者，男性和女性老人都有可能是施虐者（Teaster et al.，2007）。未来的研究需要调查中国人、美籍华人和其他少数族裔群体的这种情况的普遍性和风险因素，并为“老年人对老年人的霸凌行为”设计在语言上和文化上都具有适当性的预防和干预措施。

第五节　局限性

本研究有若干局限性。第一，由于预算和时间有限，本研究只包括老年人的风险因素，也即是可能的老年虐待/忽视受害者，排除了潜在施虐者的风险因素。因此，施虐者的特征和代际文化融入程度的差异没有包含在本研究中。

第二，这是一项横向的探索研究，既不是流行性研究，也不是因果关系研究。鉴于这种性质，我们无法得出关于因果关系的决定性结论。在未来的研究中，需要纵向的研究设计来明确老年虐待/忽视的原因和后果。

第三，本研究采用非随机抽样招募美国凤凰城的华裔老人。样本可能不具有代表性，并且有选择性偏差。此外，本研究或许不能对集中在民族聚居区（如唐人街）的美籍华裔老年人进行概括。非随机抽样研究的结果应该谨慎地加以解释。

第四，本研究的小样本（$N=266$）可能缺乏统计效力来检测风险因素与老年虐待/忽视的相关性。本研究的样本大小是根据已有研究的华人老年虐待/忽视的发生率计算（30%）（Dong，Simon & Gorbien，2007；Dong，2014）。建议采用大样本进行复制研究。

第五，老年虐待/忽视采用二元编码，调查人员只对过去一年的老年虐待/忽视发生情况（是/否）进行了评估。未来的研究可以使用李克特量表来评估老年虐待/忽视发生的频率和严重性。

第六，这项研究排除患有严重痴呆或认知障碍的老人。以前的研究表明，痴呆和认知障碍是老年虐待/忽视的风险因素（如 Lachs，Williams，O'Brien，Hurst & Horwitz，1997；Lachs & Pillemer，2004），但本研究的研究设计（焦点小组讨论与调查）不可避免地排除了这群弱势老年人。未来研究应针对有严重认知障碍的美籍华裔老年人，检测其是否被照料者或专业服务人员虐待或忽视。

第六节 总结

本书发现1/10的华裔美国老年人经历过家庭成员实施的老年虐待/忽视。老年虐待/忽视的主要形式——老年忽视和情感虐待，可能会有严重的情感后果，并威胁到华裔老年人的幸福。为防止老年虐待/忽视出现和复发，专业服务人员和社区的“看门人”需要与美国华裔家庭合作，减少老年人的抑郁程度、促进家庭凝聚力以及消除代际关系文化/文化融入的差异。笔者呼吁公众对老年虐待/忽视问题高度重视、鼓励美籍华人中的老年虐待/忽视循证预防和干预，大力提倡在语言上和文化上都具有适当性的教育项目、支持项目、家庭访问项目和生前预嘱计划项目。未来的研究应设计综合性、系统性的中国老年虐待/忽视模型，从生态理论的角度充分理解老年虐待/忽视，并在美国或中国复制这项研究。文化不应该被美国政府用作对老年虐待/忽视问题不作为的借口。研究人员、政策制定者和专业服务人员应该注意这一事实：健康不平等可能“以文化的名义发生”（Marsiglia & Kulis，2009：199）。

参考文献

张敏杰，2002，《美国学者对虐待老年人问题的研究》，《国外社会科学》第5期。

Acierno, R., Hernandez, M. A., Amstadter, A. B., Resnick, H. S., Steve, K., Muzzy, W. & Kilpatrick, D. G. 2010. "Prevalence and correlates of emotional, physical, sexual, and financial abuse and potential neglect in the United States: The national elder mistreatment study." *American Journal of Pablic Health* (2): 292-297.

Administration on Aging, 2014. "What is Elder Abuse?" Retrieved from http://www.aoa.gov/AoA_programs/Elder_Rights/EA_Prevention/whatIsEA.aspx.

Administration on Aging. 2009. "Projected Future Growth of Older Adults by Race and Hispanic Origin." Retrieved from http://www.aoa.gov/AoARoot/Aging_Statistics/future_growth/future_growth.aspx.

Ahmad, M., & Lachs, M. S. 2002. "Elder abuse and neglect: what physicians can and should do." *Cleveland Clinic Journal of Medicine* 69 (10): 801-808.

Anetzberger, G. J., Palmisano, B. R., Sanders, M., Bass, D., Dayton, C., Eckert, S., & Schimer, M. R. 2000. "A model intervention for elder abuse and dementia." *The Gerontologist* 40 (4): 492-497.

Angel, J. L., Angel, R. J., Aranda, M. P., & Miles, T. P.

2004. "Can the family still cope? Social support and health as determinants of nursing home use in the older Mexican – origin population." *Journal of Aging and Health* 16: 338 – 354.

Beach, S. R., Schulz, R., Castle, N. G., & Rosen, J. 2010. "Financial exploitation and psychological mistreatment among older adults: Differences between African Americans and Non – African Americans in a population – based survey." *The Gerontologist* 50 (6): 744 – 757.

Bermudez, J. M., Kirkpatrick, D. R., Hecker, L., & Torres – Robles, C. 2010. "Describing Latinos families and their help – seeking attitudes: Challenging the family therapy literature." *Contemporary Family Therapy* 32: 155 – 172.

Berry, W. D., Feldman, S. 1985. *Multiple Regression in Practice.* Beverly Hills: Sage Publications.

Beyene, Y., Becker, G., & Mayen, N. 2002. "Perception of aging and sense of well – being among Latino elderly." *Journal of Cross – Cultural Gerontology* 17: 155 – 172.

Block M. R., & Sinnott J. D. 1979. *The Battered Elder Syndrome: An Exploratory Study.* College Park: University of Maryland Center on Aging.

Block, M. R., & Sinnott, J. D. 1979. *The Battered Elder Syndrome: An Exploratory Study.* College Park: University of Maryland Center on Aging.

Bronfenbrenner, U. 1977. "Toward an experimental ecology of human development." *American Psychologist* 32 (7): 513.

Brownell, P., & Heiser, D. 2006. "Psycho – educational support groups for older women victims of family mistreatment: A pilot study."

Journal of Gerontological Social Work 46: 145 - 160.

Brownell, P., & Wolden, A. 2002. "Elder abuse intervention strategies: Social service or criminal justice?" *Journal of Gerontological Social Work* 40 (1/2): 83 - 100.

Burnight, K., & Mosqueda, L. 2011. "Theoretical model development in elder mistreatment (Report No. 234488)." Retrieved on Department of Justice website from https://www.ncjrs.gov/pdffiles1/nij/grants/234488.pdf.

Castro, F. G., Kellison, J. G., Boyd, S. J., & Kopak, A. 2010. "A methodology for conducting integrative mixed methods research and data analyses." *Journal of Mixed Methods Research* 4 (4): 342 - 360.

Cheng, S. T., & Chan, A. C. 2006. "Filial piety and psychological well - being in well older Chinese." *The Journals of Gerontology Series B: Psychological Sciences and Social Sciences* 61 (5): 262 - 269.

Cheung, F. M., Cheung, S. F., Leung, K., Ward, C., & Leong, F. 2003. "The English version of the Chinese personality assessment inventory." *Journal of Cross - Cultural Psychology* 34 (4): 433 - 452.

Cheung, F. M., Leung, K., Fan, R. M., Song, W. Z., Zhang, J. X., & Zhang, J. P. 1996. "Development of the Chinese personality assessment inventory." *Journal of Cross - cultural Psychology* 27 (2): 181 - 199.

Cheung, F. M., Leung, K., Song, W. Z., & Zhang, J. X. 2001. *The Cross - Cultural (Chinese) Personality Assessment Inventory - 2 (CPAI - 2)*. (Available from F. M. Cheung, Department of Psychology, The Chinese University of Hong Kong, Hong Kong SAR.)

Chi, I. , & Chou, K. L. 2001. "Social support and depression among Hong Kong Chinese older adults." *International Journal of Aging and Human Development* 52: 231 –252.

Choi, N. G. , & Mayer, J. 2000. "Elder abuse, neglect, and exploitation: Risk factors and prevention strategies." *Journal of Gerontological Social Work* 33 (2): 5 –25.

Comijs, H. C. , Penninx, B. W. , Knipscheer, K. P. , & Van Tilburg, W. 1999. "Psychological distress in victims of elder mistreatment: The effects of social support and coping." *The Journals of Gerontology Series B: Psychological Sciences and Social Sciences* 54 (4): 240 –245.

Comijs, H. C. , Pot, A. M. , Smit, J. H. , Bouter, L. M. , & Jonker, C. 1998. "Elder abuse in the community: Prevalence and consequences." *Journal of the American Geriatrics Societ*, 46 (7): 885.

Cooper, C. , Selwood, A. , & Livingston, G. 2008. "The prevalence of elder abuse and neglect: a systematic review." *Age and ageing* 37 (2): 151 –160.

Coyne, A. C. , Reichman, W. E. , & Berbig, L. J. 1993. "The relationship between dementia and elder abuse." *The American journal of psychiatry* 150 (4): 643 –646.

Cropanzano, R. , & Mitchell, M. S. 2005. Social exchange theory: An interdisciplinary review. *Journal of Management* 31 (6): 874 –900.

Davis, R. C. , Medina, J. , & Avitabile, N. 2001. "Reducing Repeat Incidents of Elder Abuse: Results of a Randomized Experiment: Final Report." Research report submitted to U. S. Department of Justice. Retrieved April 23, 2008, from http://www. ncjrs. gov/pdffiles1/nij/grants/189086. pdf.

DeLiema, M., Gassoumis, Z. D., Homeier, D. C., & Wilber, K. H. 2012. "Determining prevalence and correlates of elder abuse using promotores: Low - Income immigrant Latinos report high rates of abuse and neglect." *Journal of the American Geriatrics Society* 60 (7): 1333 - 1339.

Dong, X. 2005. "Medical implications of elder abuse and neglect." *Clinics in geriatric medicine* 21 (2): 293 - 313.

Dong, X. 2012. "Advancing the field of elder abuse: Future directions and policy implications." *Journal of the American Geriatrics Society*, 60 (11): 2151 - 2156.

Dong, X. 2014. "Do the Definitions of Elder Mistreatment Subtypes Matter? Findings from the PINE Study." *The Journals of Gerontology Series A: Biological Sciences and Medical Sciences* 69 (Suppl 2): S68 - S75.

Dong, X., & Simon, M. A. 2008. "Is greater social support a protective factor against elder mistreatment?" *Gerontology* 54 (6): 381 - 388.

Dong, X., & Simon, M. A. 2011. "Enhancing national policy and programs to address elder abuse." *JAMA: The Journal of the American Medical Association* 305 (23): 2460.

Dong, X., Beck, T., & Simon, M. A. 2010. "The associations of gender, depression and elder mistreatment in a community - dwelling Chinese population: The modifying effect of social support." *Archives of Gerontology and Geriatrics* 50 (2): 202 - 208.

Dong, X., Chang, E. S., Wong, E., & Simon, M. 2012. "Perception and negative effect of loneliness in a Chicago Chinese population of older adults." *Archives of Gerontology and Geriatrics* 54 (1): 151 - 159.

Dong, X., Chang, E. S., Wong, E., Wong, B., & Simon, M. A. 2011. "How do U. S. Chinese older adults view elder mistreatment? Findings from a community – based participatory research study." *Journal of Aging and Health* 23 (2): 289 – 312.

Dong, X., Simon, M. A., & Gorbien, M. 2007. "Elder abuse and neglect in an urban Chinese population." *Journal of elder abuse & neglect* 19 (3 – 4): 79 – 96.

Dong, X., Simon, M. A., Gorbien, M., Percak, J., & Golden, R. 2007. "Loneliness in older Chinese adults: a risk factor for elder mistreatment." *Journal of the American Geriatrics Society* 55 (11): 1831 – 1835.

Dong, X., Simon, M. A., Odwazny, R., & Gorbien, M. 2008. "Depression and elder abuse and neglect among a community – dwelling Chinese elderly population." *Journal of Elder Abuse & Neglect* 20 (1): 25 – 41.

Dong, X., Simon, M., & Evans, D. 2009. "Cross – sectional study of the characteristics of reported elder self – neglect in a community – dwelling population: Findings from a population – based cohort." *Gerontology* 56 (3): 325 – 334.

Donovan, K., & Regehr, C. 2010. "Elder abuse: Clinical, ethical and legal considerations in social work practice." *Clinical Social Work Journal* 38: 174 – 182.

Dowd, J. J. 1975. "Aging as exchange: A preface to theory." *Journal of Gerontolog* 30 (5): 584 – 594.

Dyer, C. B., Pavlik, V. N., Murphy, K. P., & Hyman, D. J. 2000. "The high prevalence of depression and dementia in elder abuse or neglect." *Journal of the American Geriatrics Society* 48 (2): 205 - 208.

Emerson, R. M. 1976. "Social exchange theory." *Annual Review of Sociology* 2: 335 - 362.

Falicov, C. J. 1998. *Latino Families in Therapy: A Guide to Multicultural Practice.* New York: Guilford Press.

Ferguson, D., & Beck, C. 1983. "H. A. L. F., a tool to assess elder abuse within the family." *Geriatr Nurs* 4: 301 - 304.

Fulmer, T., Guadagno, L. D. C., & Connolly, M. T. 2004. "Progress in elder abuse screening and assessment instruments." *Journal of the American Geriatrics Society* 52 (2): 297 - 304.

Fulmer, T., Paveza, G., VandeWeerd, C., Fairchild, S., Guadagno, L., Bolton - Blatt, M., & Norman, R. 2005. "Dyadic vulnerability and risk profiling for elder neglect." *The Gerontologist* 45 (4): 525 - 534.

Fulmer, T., Guadagno, L., & Connolly, M. T. 2004. "Progress in elder abuse screening and assessment instruments." *Journal of the American Geriatrics Society* 52 (2): 297 - 304.

Fulmer, T., Paveza, G., Abraham, I., & Fairchild, S. 2000. "Elder neglect assessment in the emergency department." *Journal of Emergency Nursing* 26 (5): 436 - 443.

Fulmer, T., & Wetle, T. 1986. "Elder abuse screening and intervention." *Nurse Pract* 11: 33 - 38.

Gallagher - Thompson, D., Gray, H. L., Tang, P. C. Y., Pu, C. Y., Leung, L. Y., Wang, P. C., Tse, C., Hsu, S., Kwo, E., Tong, H. Q., Long, J., & Thompson, L. W. 2007. "Impact of in - home behavioral management versus telephone support to reduce depressive symptoms and perceived stress in Chinese caregivers: Results of a pilot study." *American Journal of Geriatric Psychiatry* 15 (5): 425 - 434.

Gao, X., Sun, F., Ko, E., Kwak, J., & Shen, H. W. 2015. "Knowledge of advance directive and perceptions of end - of - life care in Chinese - American elders: The role of acculturation." *Palliative & supportive care* 13 (6): 1677 - 1684.

Gioglio, G. R., & Blakemore, P. 1982. *Elder Abuse in New Jersey: The Knowledge and Experience of Abuse Among Older New Jerseyans.* Trenton, N. J.: New Jersey Department of Human Resources.

Goebert, D. 2009. "Social Support, Mental Health, Minorities, and Acculturative Stress." In S. Loue & M. Sajatovic (Eds.), *Determinants of Minority Mental Health and Wellness*, pp. 125 - 148. New York, N. Y.: Springer.

Gouldner, A. W. 1960. "The norm of reciprocity: A preliminary statement." *American Sociological Review* 25: 161 - 178.

Grossman, S. F., & Lundy, M. 2003. "Use of domestic violence services across race and ethnicity by women aged 55 and older: The Illinois experience." *Violence Against Women* 9: 1442 - 1452.

Guo, M., Li, S., Liu, J., & Sun, F. 2015. "Family relations, social connections, and mental health among Latino and Asian older adults." *Research on Aging* 37 (2): 123 - 147.

Gupta, R., & Yick, A. G. 2001. "Preliminary validation of the acculturation scale on Chinese Americans." *Journal of Social Work Research and Evaluation* 2 (1): 43 - 56.

Hickey, G., Kipping, C. 1996. "Issues in research. A multi -

stage approach to the coding of data from open – ended questions." *Nurse Researcher* 4: 81 – 91.

Hruschka, D. J. 2009. "Culture as an explanation in population health." *Annals of Human Biology* 36 (3): 235 – 247.

Hsieh, H. F., & Shannon, S. E. 2005. "Three approaches to qualitative content analysis." *Qualitative health research* 15 (9): 1277 – 1288.

Hughes, R., & Huby, M. 2002. "The application of vignettes in social and nursing research." *Journal of Advanced Nursing 37* (4): 382 – 386.

Hwalek, M. A., Neale, A. V., Goodrich, C. S., & Quinn, K. 1996. "The association of elder abuse and substance abuse in the Illinois Elder Abuse System." *The Gerontologist* 36: 694 – 700.

Hwalek, M. A., & Sengstock, M. C. 1986. "Assessing the probability of abuse of the elderly: Toward development of a clinical screening instrument." *Journal of Applied Gerontology* 5 (2): 153 – 173.

Jirik, S., & Sanders, S. 2014. "Analysis of elder abuse statutes across the United States, 2011 – 2012." *Journal of Gerontological Social Work* 57 (5): 478 – 497.

Johnson, D. 1981. "Abuse of the elderly." *The Nurse Practitioner* 6: 29 – 34.

Jones, R. S., Chow, T. W. & Gatz, M. 2006. "Asian Americans and Alzheimer' s disease: assimilation, culture, and beliefs." *Journal of Aging Studies* 20: 11 – 25.

Katz, S., Ford, A. B., Moskowitz, R. W., Jackson, B. A., & Jaffe, M. W. 1963. "Studies of illness in the aged. the index of ADL: A standardized measure of biological and psychosocial function." *JAMA*:

The Journal of the American Medical Association 185 (12): 914 -919.

Kosberg, J. I. 1988. "Preventing elder abuse: Identification of high risk factors prior to placement decisions." *The Gerontologist* 28 (1): 43 -50.

Kosberg, J. I., Lowenstein, A., Garcia, J. L., & Biggs, S. 2003. "Study of Elder Abuse within Diverse Cultures." In E. Podnieks, J. I. Kosberg & A. Lowenstein (Eds.), *Elder Abuse: Selected Papers from the Prague World Congress on Family Violence*, pp. 71 - 89. New York: The Haworth Maltreatment & Trauma Press.

Kosberg, J. I., & Nahmiash, D. 1996. "Characteristics of Victims and Perpetrators and Milieus of Abuse and Neglect." In L. A. Baurnhorer & S. C. Bell (Eds.), *Abuse, Neglect and Exploitation of Older Persons: Strategies for Assessment and Intervention*, pp. 31 - 50. Batimore, MD: Health Profession Press.

Kurrle, S. E., Sadler, P., Lockwood, K., & Cameron, D. 1997. "Elder abuse: Prevalence, intervention, and outcomes in patients referred to four aged care assessment teams." *Medical Journal of Australia* 166: 119 - 122.

Lachs, M. S., Williams, C. S., O'Brien, S., Pillemer, K. A., & Charlson, M. E. 1998. "The mortality of elder mistreatment." *Jama* 280 (5): 428 -432.

Lachs, M. S. 2011. "Testimony to the Senate Committee on Aging in 2011." http://aging. senate. gov/events/hr230ml. pdf.

Lachs, M. S., & Pillemer, K. 2004. "Elder abuse." *The Lance* 364 (9441): 1263 - 1272.

Lachs, M. S., Williams, C., O'Brien, S., Hurst, L., & Horwitz,

R. 1997. “Risk factors for reported elder abuse and neglect: A nine - year observational cohort study.” *The Gerontologist* 37: 469 - 474.

Lachs, M. S., & Pillemer, K. 2006. “Abuse and neglect of elderly persons.” *New England Journal of Medicine* 332: 437 - 443.

Lai, D. W. L. 2009. “Filial piety, caregiving appraisal, and caregiving burden.” *Research on Aging* 32 (2): 200 - 223.

Laumann, E. O., Leitsch, S. A., & Waite, L. J. 2008. “Elder mistreatment in the United States: Prevalence estimates from a nationally representative study.” *The Journals of Gerontology Series B: Psychological Sciences and Social Sciences* 63 (4): S248 - S254.

Lawton, M., & Brody, E. 1969. “Assessment of older people: Selfmaintaining and instrumental activities of daily living.” *Gerontologist* 9: 179 - 186.

Lee, H. Y., & Eaton, C. K. 2009. “Financial abuse in elderly Korean immigrants: Mixed analysis of the role of culture on perception and help - seeking intention.” *Journal of Gerontological Social Work* 52 (5): 463 - 488.

Lifespan. 2003. “Examining Elder Abuse in the Latino Community.” Retrieved July 12, 2006, from Lifespan Web site: http://www.lifespan_roh.org/pdf/shining_light_spring03.pdf.

Lim, S. L., Yeh, M., Liang, J., Lau, A. S., & McCabe, K. 2008. “Acculturation gap, intergenerational conflict, parenting style, and youth distress in immigrant Chinese American families.” *Marriage & Family Review* 45 (1): 84 - 106.

Lindberg, B., Sabatino, C., & Blancato, R. 2011. “Bringing national action to a national disgrace: the history of the Elder Justice

Act." *NAELA Journal* 7 (1): 105 – 122.

Lubben, J. E., & Gironda, M. W. 2000. "Social Support Network." In D. Osterweil, S. K. Brummel & J. C. Beck (Eds.), *Comprehensive Geriatric Assessment*, pp. 121 – 137. New York: McGraw – Hill, Medical Publishing Division.

Lubben, J., Blozik, E., Gillmann, G., Lliffe, S., von Renteln Kruse, W., Beck, J. C. &Stuck, A. E. 2006. "Performance of an abbreviated version of the Lubben Social Network Scale among three European community – dwelling older adult populations." *The Gerontologist* 46 (4): 503 – 513.

Mariam, L. C., McClure, R., Robinson, J. B., & Yang, J. A. 2013. "Eliciting Change in At – Risk Elders (ECARE): Evaluation of an Elder Abuse Intervention Program." *Journal of elder abuse & neglect.* Retrieved from http://www.tandfonline.com.

Marsiglia, F. F., & Kulis, S. S. 2009. *Diversity, Oppression, and Change: Culturally Grounded Social Work.* Chicago: Lyceum Books.

Montoya, V. 1997. "Understanding and combating elder abuse in Hispanic communities." *Journal of Elder Abuse and Neglect* 9: 5 – 17.

Moon, A., Tomita, S. K., & Jung – Kamei, S. 2002. "Elder mistreatment among four Asian American groups: An exploratory study on tolerance, victim blaming and attitudes toward third – party intervention." *Journal of Gerontological Social Work* 36 (1 – 2): 153 – 169.

Moon, A., & Benton, D. 2000. "Tolerance of elder abuse and attitudes toward third – party intervention among African American, Korean American, and White elderly." *Journal of Multicultural Social Work* 8 (3 – 4): 283 – 303.

Moon, A., & Williams, O. 1993. "Perceptions of elder abuse and help - seeking patterns among African - American, Caucasian American, and Korean - American elderly women." *The Gerontologist* 33 (3): 386 - 395.

Mosqueda, L., & Dong, X. 2011. "Elder abuse and self - neglect: 'I don't care anything about going to the doctor, to be honest...'." *JAMA: The Journal of the American Medical Association* 306 (5): 532.

Mui, A. C., & Kang, S. Y. 2006. "Acculturation stress and depression among Asian immigrant elders." *Social Work* 51 (3): 243 - 255.

Mui, A. C., & Shibusawa, T. S., 2008. *Asian American Elders in the 21st Century: Key Indicators of Psychosocial Well - being.* New York: Columbia University Press.

Nahmiash, D., Reis, M. 2000. "Most successful intervention strategies for abused older adults." *Journal of Elder Abuse and Neglect* 12 (3 - 4): 53 - 70.

National Research Council. 2003. "Panel to review risk and prevalence of elder abuse and neglect, National Research Council." *In Elder Mistreatment: Abuse, Neglect, and Exploitation in an Aging America*, R. J. Bonnie, R. B. Wallace (Eds.). Washington, D. C.: National Academies Press.

Neale, A. V., Hwalek, M. A., Scott, R. O., Sengstock, M. C., & Stahl, C. 1991. "Validation of the Hwalek - Sengstock elder abuse screening test." *Journal of Applied Gerontology* 10 (4): 406 - 418.

Nerenberg, L. 2002. *A Feminist Perspective on Gender and Elder Abuse: A Review of the Literature.* Washington, D. C.: National Center on Elder Abuse.

Pablo, S. , & Braun, K. L. 1998. "Perceptions of elder abuse and neglect and help - seeking patterns among Filipino and Korean elderly women in Honolulu." *Journal of Elder Abuse & Neglect* 9 (2): 63 - 76.

Padgett, D. K. 2008. *Qualitative Methods in Social Work Research.* Thousand Oaks, C. A. : Sage Publications.

Parra - Cardona, J. R. , Meyer, E. , Schiamberg, L. , & Post, L. 2007. "Elder abuse and neglect in Latino families: An ecological and culturally relevant theoretical framework for clinical practice." *Family Process* 46 (4): 451 - 470.

Paveza, G. J. , Cohen, D. , Eisdorfer, C. , Freels, S. , Semla, T. , Ashford, J. W. & Levy, P. 1992. "Severe family violence and Alzheimer's disease: Prevalence and risk factors." *The Gerontologist* 32 (4): 493 - 497.

Phillips, L. R. 1983. "Abuse and neglect of the frail elderly at home: An exploration of theoretical relationships." *Journal of Advanced Nursing* 8 (5): 379 - 392.

Phillips, L. R. , & Rempusheski, V. F. 1986. " Caring for the frail elderly at home: Toward a theoretical explanation of the dynamics of poor quality family caregiving." *Advances in Nursing Science* 8 (4): 62.

Pillemer, K. A. , & Wolf, R. S. 1986. *Elder abuse: Conflict in the family.* MA: Auburn House.

Pillemer, K. 1985. "Dangers of dependency: New findings on domestic violence against the elderly." *The. Soc. Probs.* 33: 146.

Pillemer, K. 2004. "Elder Abuse is Caused by the Deviance and Dependence of Abusive Caregivers." In Loseke D, Gelles R, Cavanaugh M, eds. *Current Controversies on Family Violence.* Newbury Park, C. A. : Sage.

Pillemer, K. A. , Mueller – Johnson, K. U. , Mock, S. E. , Suitor, J. J. , & Lachs, M. S. 2007. "Interventions to Arevent Elder Mistreatment." In L. Doll, E. Haas (Eds.), *Handbook of Injury and Violence Prevention*, pp. 241 – 254. N. Y. : Springer.

Pillemer, K. , & Finkelhor, D. 1988. "The prevalence of elder abuse: A random sample survey." *The Gerontologist* 28 (1): 51 – 57.

Ploeg, J. , Fear, J. , Hutchison, B. , MacMillan, H. , & Bolan, G. 2009. "A systematic review of interventions for elder abuse." *Journal of Elder Abuse & Neglect* 21 (3): 187 – 210.

Prochaska, J. O. , & DiClemente, C. C. 1983. "Stages and processes of self – change of smoking: Toward an integrative model of change." *Journal of Consulting and Clinical Psychology* 51 (3): 390.

Reay, A. C., & Browne, K. D. 2001. "Risk factor characteristics in carers who physically abuse or neglect their elderly dependents." *Aging & Mental Health* 5 (1): 56 – 62.

Reay, A. M. C. , & Browne, K. D. 2002. "The effectiveness of psychological interventions with individuals who physically abuse or neglect their elderly dependents." *Journal of Interpersonal Violence* 17 (4): 416 – 431.

Reis, M. & Nahmiash, D. 1998. "Validation of the Indicators of Abuse (IOA) screen." *Gerontologist* 38: 471 – 480.

Richardson, B. , Kitchen, G. , & Livingston, G. 2002. "The effect of education on knowledge and management of elder abuse: A randomized controlled trial." *Age and Ageing* 31: 335 – 341.

Rosen, T., Lachs, M., & Pillemer, K. 2010. "Sexual aggression between residents in nursing homes: Literature synthesis of an underrecognized problem." *Journal of the American Geriatrics Society* 58: 1070 – 1079.

Rosen, T., Pillemer, K., & Lachs, M. 2007. "Resident – to – resident aggression in long – term care facilities: An understudied problem." *Aggression and Violent Behavior* 13: 77 – 87.

Rosenblatt, D. E., Cho, K. H., & Durance, P. W. 1996. "Reporting mistreatment of older adults: The role of physicians." *Journal of the American Geriatrics Society* 44 (1): 65.

Rosenstock, I. M., Stretcher, V. J. & Becker, M. H. 1988. "Social learning theory and the Health Belief Model." *Health Education Quarterly* 15: 175 – 183.

Sayegh, P., & Knight, B. G. 2013. "Cross – cultural differences in dementia: the Sociocultural Health Belief Model." *International Psychogeriatrics* 25 (04): 517 – 530.

Schiamberg, L. B., & Gans, D. 2000. "Elder abuse by adult children: An applied ecological framework for understanding contextual risk factors and the intergenerational character of quality of life." *International Journal of Aging and Human Development* 50: 329 – 359.

Schmeidel, A. N., Daly, J. M., Rosenbaum, M. E., Schmuch, G., & Jogerest, G. J. 2012. "Health care professionals' perspectives on barriers to elder abuse detection and reporting in primary care settings." *Journal of Elder Abuse and Neglect* 24: 17 – 36.

Schofield, M. J., & Mishra, G. D. 2003. "Validity of self – report screening scale for elder abuse: Women's Health Australia Study." *The Gerontologist* 43: 110 – 120.

Schwartz, G. & Merten, D. 1980. *Love and commitment.* Beverly Hills: Sage Publications.

Scogin, F., Beall, C., Bynum, J., Stephens, G., Grote, N. P., Baumhover, L. A., & Bolland, J. M. 1989. "Training for abusive caregivers: An unconventional approach to an intervention dilemma." *Journal of Elder Abuse & Neglect* 1 (4): 73 – 86.

Sooryanarayana, R., Choo, W. Y., & Hairi, N. N. 2013. "A review on the revalence and measurement of elder abuse in the community." *Trauma, Violence, & Abuse* 14 (4): 316 – 325.

Straus, M. A. 1979. "Measuring intrafamily conflict and violence: The conflict tactics (CT) scales." *Journal of Marriage and the Family 41*: 75 – 88.

Straus, M. A., Hamby, S. L., Boney – McCoy, S., & Sugarman, D. B. 1996. "The revised conflict tactics scales (CTS2) development and preliminary psychometric data." *Journal of Family Issues* 17 (3): 283 – 316.

Straus, M. A., & Douglas, E. M. 2004. "A short form of the Revised Conflict Tactics Scales, and typologies for severity and mutuality." *Violence and victims* 19 (5): 507 – 520.

Sun, F., Gao, X., & Coon, W. D. 2013. "Perceived threat of Alzheimer's Disease (AD) among Chinese American older adults: The role of AD literacy." *The Journals of Gerontology B: Psychological Sciences.*

Tatara, T. 1997. *The National Elder Sbuse Incidence Study: Executive Summary.* New York, N. Y.: Human Services Press.

Teaster, P. B., Ramsey – Klawsnik, H., Mendiondo, M. S.,

Abner, E., Cecil, K., & Tooms, M. 2007. "From behind the shadows: A profile of sexual abuse of older men residing in nursing homes." *Journal of Elder Abuse & Neglect* 19 (1): 29 - 45.

Tomita, S. K. 1990. "The denial of elder mistreatment by victims and abusers: The application of neutralization theory." *Violence and Victims* 5 (3): 171.

Tongco, M. D. C. 2007. "Purposive Sampling as a Tool for Informant Selection." Retrieved from http://scholarspace. manoa. hawaii. edu/handle/10125/227.

Tran, T. V. 1997. "Ethnicity, gender and social stress among three groups of elderly Hispanics." *Journal of Cross - Cultural Gerontology* 12: 341 - 356.

U. S. Census Bureau. 2010. Profile of General Population and Housing Characteristics: 2010 (Chicago). Retrieved from http://www. cityofchicago. org/content/dam/city/depts/zlup/Zoning_Main_Page/Publications/Census_2010_Community_Area_Profiles/Census_2010_and_2000_CA_Populations. pdf

Vazquez, C. I., & Rosa, D. 1999. "An understanding of abuse in the Hispanic older person: Assessment, treatment, and prevention." *Journal of Social Distress and the Homeless* 8: 193 - 206.

Vittinghoff, E., & McCulloch, C. E. 2007. "Relaxing the rule of ten events per variable in logistic and Cox regression." *American journal of epidemiology* 165 (6): 710 - 718.

Wang, J. J. 2006. "Psychological abuse and its characteristic correlates among elderly Taiwanese." *Archives of gerontology and geriatrics* 42 (3): 307 - 318.

Wolf, R. S. , Strugnell, C. P. , & Godkin, M. A. 1982. *Preliminary Findings from Three Model Projects on Elderly Abuse.* University Center on Aging, University of Massachusetts Medical Center.

Wong, S. T. , Yoo, G. J. , & Stewart, A. L. 2006. "The changing meaning of family support among older Chinese and Korean immigrants." *The Journals of Gerontology Series B: Psychological Sciences and Social Sciences* 61 (1): S4 - S9.

World Health Organization. 2011. *Key Facts of Elder Maltreatment.* Retrieved from http://www. who. int/mediacentre/factsheets/fs357/en/index. html.

Yan, E. C. W. , & Tang, C. S. K. 2004. "Elder abuse by Caregivers: A study of prevalence and risk factors in Hong Kong Chinese families." *Journal of Family Violence* 19: 269 - 277.

Yan, E. , & Tang, C. S. K. 2001. "Prevalence and psychological impact of Chinese elder abuse." *Journal of interpersonal violence* 16 (11): 1158 - 1174.

Yan, E. , & Tang, C. S. K. 2003. "Proclivity to Elder Abuse A Community Study on Hong Kong Chinese." *Journal of interpersonal violence* 18 (9): 999 - 1017.

Yang, K. M. 2004. "A study of elder abuse in the domestic setting: Coping strategies and the consequences of elder abuse." *Journal of Korean Academy of Nursing* 34: 1047 - 1056.

Yee, B. W. K. , Debaryshe, B. D. , Yuen, S. , Kim, S. Y. , & McCubbin, H. I. 2007. "Asian American and Pacific Islander families: Resiliency and Life - span Socialization in a Cultural Context." In F. T. L. Leong, A. Inman, A. Ebreo, L. H. Yang, L. M. Kinoshita, & M. Fu (Eds.), *Handbook of Asian American psychology* 2nd eds., pp. 69 - 86. Thousand Oaks, C. A.: Sage.

Ying, Y. W. 2006. "Depressive symptomatology among Chinese - Americans as measured by the CES - D." *Journal of Clinical Psychology* 44 (5): 739 - 746.

Zhang, L., Li, X., & Shah, I. H. 2007. "Where do Chinese adolescents obtain knowledge of sex? Implications for sex education in China." *Health Education* 107 (4): 351 - 363.

附　录

附录 A　焦点小组访谈提纲（中文）

在描述事件或情况时，请使用假名。

（1）你认为什么构成了老年虐待/忽视？

（2）你认为你所在的社区中老年虐待/忽视案例多吗？

（3）基于你的经历，你认为谁更有可能是老年虐待/忽视的受害者？

（4）有些人说华裔老年人更可能受到虐待，你认为呢？

（5）这份调查易于理解吗？你愿意回答问题吗？

（6）你还想与我们分享一些其他事吗？

阅读以下四个老年虐待/忽视虚拟案例，并询问老年人的看法。

附录 B　焦点小组访谈提纲（英文）

Please use fake names when describing events or situations.

(1) Could you share your ideas on what constitutes EM?

(2) How common do you think EM is in your community?

(3) Based on your experiences, who is more likely to be a victim of EM?

(4) Some say that Chinese elders are more likely to be abused. What do you think?

(5) Is this survey understandable? Are you willing to respond to the questions?

(6) Is there anything else that you want to share with us?

Read four pseudo EM case and ask for elders' opinions.

附录C　虚拟案例（中文）

1. 情感虐待

李先生是一名65岁的老人，住在他儿子小刚的房子里。李先生去年应儿子小刚请求移居美国，照顾儿子刚出生的宝宝。在李先生第二次忘记冲马桶后，小刚对他大喊大叫。你认为小刚的行为是老年虐待的例子吗？为什么是或为什么不是呢？

2. 老年忽视

老谢夫妇住在凤凰城一个独立的老年公寓里。他们一年前移民到美国。他们不会说英语，也没有交通工具。他们的女儿米米有一份全职工作，还有三个孩子。她帮助老谢夫妇得到食品券，此后拒绝向他们提供任何帮助。到目前为止，她还没有拜访过他们，也没有给他们打过电话。你认为米米的行为是老年忽视的例子吗？为什么是或为什么不是呢？

3. 经济虐待

王女士是一位75岁的老人，她独自住在凤凰城一个独立的老年公寓里。王女士五年前失去了丈夫，她的女儿小美在帮她打理钱财。最近，小美从她母亲的账户中取钱，为她 15 岁的儿子买了一台笔记本电脑，王女士并不知情。你认为小美的行为是老年虐待的例子吗？为什么是或为什么不是呢？

4. 身体虐待

60 岁的张女士和她的丈夫张先生住在自己的房子里。张先生最近检查出糖尿病，情绪不佳。他偶尔推搡张女士使她摔倒在地上。你认为张先生的行为是老年虐待吗？为什么是或为什么不是呢？

附录 D　虚拟案例（英文）

1. Emotional Maltreatment

Mr. Lee is a 65 - year - old gentleman living in his son Xiaogang's house. Mr. Lee immigrated to the U. S last year per the request of Xiaogang to take care of the new - born baby. Xiaogang screamed at Mr. Lee after he forgot to flush the toilet for the second time. Do you think Xiaogang's behavior is an example of elder maltreatment? Why or why not?

2. Neglect

Mr. and Mrs. Xie live together at an independent senior housing in Phoenix. They immigrated to the U. S. one year ago. They cannot speak English and don't have vehicles. Their daughter Mimi has a full - time job and three young children. She helped them get food stamps and then refused to provide any help to them. She has neither visited nor called them till now. Do you think Mimi's behavior is an example of elder maltreatment? Why or why not?

3. Financial Maltreatment

Ms. Wang is a 75 – year – old lady who is living alone at an independent senior housing in Phoenix. Ms. Wang lost her husband five years ago, and her daughter Meili is taking care of her finance. Recently, Meili took out money from her mother's account to buy a laptop for her 15 year – older son without letting her mom know. Do you think Meili's behavior is an example of elder maltreatment? Why or why not?

4. Physical Maltreatment

Ms. Zhang is a 60 – year – old lady who is living with her husband Mr. Zhang in their own house. Mr. Zhang was recently diagnosed of diabetes and was in bad mood. He sometimes pushed Ms. Zhang and made her fall into the floor. Do you think Mr. Zhang's behavior is an example of elder mistreatment? Why or why not?

附录 E　华裔老年虐待/忽视量表（中文版）

在过去的一年内您是否经历过以下情形？

1. 有没有家人不经你的同意，拿走你的东西（包括支票、现金、粮食券）？	是　否
2. 有没有家人曾经拒绝归还你要他保管的东西或财物？	是　否
3. 有没有家人把你锁在房间里，或者限制你的活动？	是　否
4. 有没有家人打你，让你受伤？	是　否
5. 有没有家人语言攻击你，或者骂你，让你感到害怕或者受到威胁，或感到绝望？	是　否
6. 有没有家人强迫你搬出家门？	是　否
7. 有没有家人威胁要打你，或朝你扔东西？	是　否
8. 有没有家人曾经把你一个人遗留在医院或者公共场合？	是　否
9. 有没有家人从没有探望过你，或住在一起但对你很冷漠？	是　否
10. 有没有家人在你需要的时候拒绝帮你付医疗费、付房租或买吃的，即便在你的请求之下？	是　否

附录 F　华裔老年虐待/忽视量表（英文版）

Please indicate whether or not you have experienced any of the following in the past year.

1. Have any of your family members ever taken things that belong to you without your OK?	Yes No
2. Have any of your family members ever refused to return properties/money he/she helped take care of?	Yes No
3. Have any of your family members ever tried to restrain you by tying you up, or locking you in your room or house?	Yes No
4. Have any of your family members physically hurt you so that you suffered some degree of injury?	Yes No
5. Have any of your family members ever verbally attacked, scolded, or yelled at you so that you felt threatened or despaired?	Yes No
6. Have any of your family members ever forcefully asked you to move from your home?	Yes No
7. Have any of your family members ever threatened to hit or throw something at you?	Yes No
8. Have any of your family members ever abandoned you in a clinic, hospital, or any other public place?	Yes No
9. Have any of your family members never visited you or contacted you? Or been indifferent to you when living with you?	Yes No
10. Have any of your family members ever refused to help you pay medical bills, rent or food when you were in need, even when requested by you?	Yes No

附录G ADL和IADL量表（中文版）

以下表格里的活动是您平常可能需要完成的。您是否因为某些健康问题对完成以下活动有困难？

请选择1～3：

1. 完全不能做

2. 有些困难

3. 完全可以做

	您的选择（1－3）
自由走动	
洗澡（盆浴或者淋浴）	
整理个人卫生（比如：梳头、刷牙、洗脸）	
穿衣服/脱衣服（比如：穿衬衣、扣扣子、拉拉链、穿鞋）	
吃东西（比如：拿筷子/叉子、切东西、喝水）	
床椅转移	
上厕所	
打电话（包括找号码、拨号）	
开车、独自坐公车或者坐出租	
买菜或者购物（在有交通工具的情况下，不需要别人协助）	
做饭（从准备到完成烹饪）	
做体力轻的家务（洗碗、整理床铺）	
服药（正确的剂量、时间）	
管理钱财（支付家用）	
做重体力的家务（清洗窗户、墙、地板）	

附录H　ADL 和 IADL 量表（英文版）

The following questions are about activities a person can do during a day. Do you have any difficulty doing these things on your own because of a health problem?

Please choose from:

1. Cannot do at all
2. Some difficulty
3. Can do without any difficulty

	Your choice (1 – 3)
Walking across a small room	
Bathing (either a sponge bath, tub bath, or shower)	
Personal grooming (like brushing hair, brushing teeth, or washing face)	
Dressing (like putting on a shirt, buttoning and zipping, or putting on shoes)	
Eating (like holding a fork, cutting food, or drinking from a glass)	
Getting up from a bed to a chair	
Using the toilet	
Use the telephone (including looking up numbers and dialing)	
Drive your own car or travel alone on buses or taxis	
Go shopping for groceries or clothes without help (take care of all shopping needs yourself, assuming you had transportation)	
Prepare your own meals (plan and cook full meals yourself)	
Do light housework (dish washing and bed making, etc.)	
Take your medicine (in the right doses at the right time)	
Handle your money (write checks, pay bills, etc)	
Do heavy work around the house like washing windows, walls and floors	

附录I　美国文化融入程度量表（中文版）

下面问题是关于您对美国社会的融入程度，请在表格中填写您是否同意下列陈述。

1. 完全不同意
2. 大部分不同意
3. 一半一半
4. 大部分同意
5. 完全同意

	1－5
1. 我说中文（普通话、粤语或其他方言）的时间超过英文。	
2. 我的英文水准比中文水准高。	
3. 我庆祝华人的节日（春节、中秋节）的时候多过美国的节日（圣诞节、感恩节）。	
4. 我看中文电视（普通话、粤语等其他方言）和电影超过看英文的节目。	
5. 我看中文书籍或报纸超过看英文的。	
6. 我用英语写东西多过用中文写的。	
7. 我大部分时间吃的都是中餐。	
8. 我参加的活动都是华人举办的。	
9. 我主要去亚洲超市买东西。	
10. 比起美国，我更喜欢生活在中国。	

附录J　美国文化融入程度量表（英文版）

Please indicate the degree to which you agree with the following statements.

1 = Completely disagree　2 = Mostly disagree

3 = Neither agree nor disagree

4 = Mostly agree　5 = Completely agree

	Your choice (1 - 5)
1. I speak Chinese more frequently than English.	
2. My English is much more fluent than my Chinese.	
3. I tend to celebrate Chinese holidays (e. g. , Chinese Spring Festival, Mid - Autumn Day) more frequently than American holidays (Christmas, Thanksgiving)	
4. I watch Chinese TV programs and movies more frequently than English ones.	
5. I read Chinese books or newspapers more frequently than English ones.	
6. I write letters/emails in English more often than in Chinese.	
7. What I eat daily is mostly Chinese food.	
8. Most activities I attend are sponsored by the Chinese communities.	
9. I mainly go to Asian markets for groceries.	
10. I feel at home living in the U. S.	

附录 K　家庭支持量表（中文）

1. 您有多少家人亲戚一个月内至少见一次或者联系一次（包括打电话）?

零个　一个　两个　三个到四个　五到八个　九个或者以上

2. 您有多少家人亲戚您可以放心和他们谈私事，包括您的财务问题?

零个　一个　两个　三个到四个　五到八个　九个或者以上

3. 您有多少家人亲戚您可以随时叫他们帮忙?

零个　一个　两个　三个到四个　五到八个　九个或者以上

附录L 家庭支持量表（英文）

1. How many relatives do you see or hear from at least once a month? (Including phone contact)

0 = none　1 = one　2 = two　3 = three or four

4 = five thru eight　5 = nine or more

2. How many relatives do you feel at ease with that you can talk about private matters?

0 = none　1 = one　2 = two　3 = three or four

4 = five thru eight　5 = nine or more

3. How many relatives do you feel close to such that you could call on them for help?

0 = none　1 = one　2 = two　3 = three or four

4 = five thru eight　5 = nine or more

附录M 流行病学调查用抑郁筛查表（C－ESD）（中文版）

您在过去一周里大概有几天有下面的感觉？

1. 没有（少于1天） 2. 偶尔有（1－2天）

3. 有时有（3－4天） 4. 经常有（5－7天）

	您的选择（1－4）
1. 我感到情绪很差	
2. 我感到任何事都很费力	
3. 我的睡眠情况不好	

续表

	您的选择（1-4）
4. 我感到高兴	
5. 我感到孤单	
6. 我感到很害怕	
7. 人们都不友好	
8. 我对未来的生活怀有希望	
9. 我感到无精打采	
10. 我感到人们不喜欢我	
11. 我被一些小事情所烦恼	
12. 我的生活没有动力	

附录 N　流行病学调查用抑郁筛查表（C-ESD）（英文版）

Now I would like to ask about your feelings during the past week. For each of the following statements, please tell me if you felt that way in the past week?

1. Rarely or none of the time (less than 1 day)
2. Some or a little of the time (1 to 2 days)
3. Occasionally (3 to 4 days)
4. Most or all of the time (5 to 7 days)

	Your choice (1-4)
1. I felt depressed	
2. I felt that everything I did was an effort	
3. My sleep was restless	
4. I was happy	

续表

	Your choice（1－4）
5. I felt lonely	
6. I felt fearful	
7. People were unfriendly	
8. I feel hopeful about the future	
9. I had trouble keeping my mind on what I was doing	
10. I felt that people disliked me	
11. I was bothered by things that usually don't bother me	
12. I could not get going	

图书在版编目（CIP）数据

美国华裔老年人的虐待与忽视 / 高翔著. -- 北京：社会科学文献出版社，2017.9

（华中科技大学社会学文库. 青年学者系列）

ISBN 978-7-5201-1668-8

Ⅰ. ①美… Ⅱ. ①高… Ⅲ. ①老年人-华人-社会问题-研究-美国 Ⅳ. ①D771.286

中国版本图书馆 CIP 数据核字（2017）第 254758 号

华中科技大学社会学文库 · 青年学者系列

美国华裔老年人的虐待与忽视

著　　者 / 高　翔

出 版 人 / 谢寿光

项目统筹 / 谢蕊芬

责任编辑 / 陈之曦　佟英磊

出　　版 / 社会科学文献出版社 · 社会学编辑部（010）59367159

地址：北京市北三环中路甲 29 号院华龙大厦　邮编：100029

网址：www.ssap.com.cn

发　　行 / 市场营销中心（010）59367081　59367018

印　　装 / 三河市尚艺印装有限公司

规　　格 / 开 本：787mm × 1092mm　1/16

印 张：8.5　字 数：100 千字

版　　次 / 2017 年 9 月第 1 版　2017 年 9 月第 1 次印刷

书　　号 / ISBN 978-7-5201-1668-8

定　　价 / 49.00 元

本书如有印装质量问题，请与读者服务中心（010-59367028）联系